홍범도

글쓴이 **신중신**
경상남도 거창에서 태어나 서라벌예술대학교 문예창작과를 졸업했다. 〈사상계〉 신인 문학상 시 부문에 당선되어 등단했다. 지은 책으로는 시집 《투창》 《바이칼 호에 와서》 《카프카의 집》과 《나의 세계 명작 순례기》 들이 있다. 대한민국문학상, 한국시협상, 가톨릭문학상을 수상했다.

감수자 **김광운**
경기도 시흥에서 태어나 한양대학교 사학과와 같은 학교 대학원을 졸업했다. 현재 국사편찬위원회에 재직 중이며, 한겨레통일문화연구소 연구위원, 민주화운동기념사업회 자문위원으로 활동하고 있다. 한양대학교와 한신대학교, 조선대학교, 서울교육대학교 등지에서 학생들을 가르치고 있다. 지은 책으로는 《통일 독립의 현대사》 들이 있다.

홍범도
우리가 잊지 말아야 할 독립운동가 11

개정1판 1쇄 인쇄ㅣ2019년 8월 9일
개정1판 1쇄 발행ㅣ2019년 8월 15일

지 은 이ㅣ신중신
감 수 자ㅣ김광운
펴 낸 이ㅣ정중모
펴 낸 곳ㅣ파랑새
등   록ㅣ1988년 1월 21일 (제406-2000-000202호)
주   소ㅣ경기도 파주시 회동길 152
전   화ㅣ031-955-0670 팩   스ㅣ031-955-0661~2
홈페이지ㅣwww.bbchild.co.kr
전자우편ㅣbbchild@yolimwon.com

ⓒ파랑새, 2003, 2007, 2019
ISBN 978-89-6155-861-7 74910
     978-89-6155-850-1 (세트)

- 책값은 뒤표지에 있습니다.
- 출판사의 허락 없이 이 책의 일부 또는 전체를 인용하거나 발췌하는 것을 금합니다.
- 본 도서는 파랑새 〈인물로 보는 한국사〉 시리즈를 재편성한 도서입니다.

어린이제품안전특별법에 의한 제품 표시
제조자명 파랑새ㅣ제조년월 2019년 8월ㅣ제조국 대한민국ㅣ사용연령 10세 이상

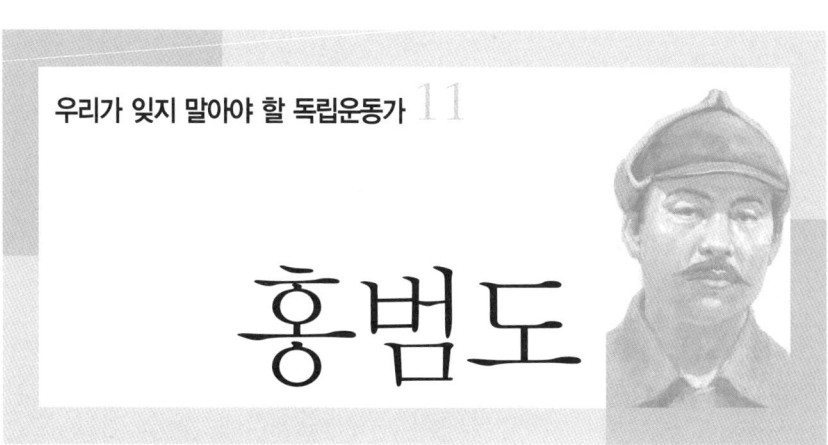

우리가 잊지 말아야 할 독립운동가 11

홍범도

신중신 글 | 김광운 감수

파랑새

추천사
삶의 등대가 되어 주는 역사 인물

'도로시'라는 미국의 교육학자는 '아이들은 사는 것을 배운다'라는 유명한 시를 남겼습니다. 그 내용은 다음과 같습니다.

만일 아이가 나무람 속에서 자라면 비난을 배웁니다.
만일 아이가 적개심 속에서 자라면 싸우는 것을 배웁니다.
만일 아이가 비웃음 속에서 자라면 부끄러움을 배웁니다.
만일 아이가 수치심 속에서 자라면 죄의식을 배웁니다.
만일 아이가 관대함 속에서 자라면 신뢰를 배웁니다.
만일 아이가 격려 속에서 자라면 고마움을 배웁니다.
만일 아이가 공평함 속에서 자라면 정의를 배웁니다.
만일 아이가 인정 속에서 자라면 자기 자신을 좋아하는 것을 배웁니다.
만일 아이가 받아들임과 우정 속에서 자라면 세상에서 사랑을 배우게 됩니다.

이 아름다운 시처럼 우리들의 아이들은 끊임없이 세상에서 무엇인가 배우고 있습니다. 자라나는 아이들에게 사는 것을 배우게 하는 가장 좋은 방법은 무엇일까요? 그것은 아마도 우리나라가 낳은 조상들 중에서 훌륭한 업적을 이룩하신 역사적 인물들을 배우고 그 인물들을 통해서 그들의 애국심과 남다른 인격을 본받는 것입니다. 지금까지 어린 아이들을 대상으로 하는 위인전은 많이 있었지만 이번에 발간한 인물 이야기처럼 이제 막 인격이 성숙하기 시작하는 초등학교 고학년에서부터 사춘기에 이르는 중학생을 상대로 한 인물 역사책은 거의 없었던 것으로 알고 있습니다. 사실 이런 책들은 역사를 인식하고 역사적 인물을 이해할 수 있는 연령을 대상으로 하였을 때, 비로소 그 빛을 볼 수 있다고 생각합니다.

꼭 알아야 할 역사적 인물을 선정해서 발간하는 이 책은 우리 아이들에게 무한한 자부심과 희망과 꿈을 키워 줄 것입니다.

그리고 이 책은 역사학자들의 철저한 감수와 고증을 거쳐 역사적 사실이 흥미 위주로 과장되거나 주관적인 해석으로 왜곡되지 않고 정확하게 전달되도록 온 힘을 기울였습니다.

존경하는 인물을 한 사람 가슴에 품고 자라난 아이들은 가슴 속에 하나의 등대를 갖고 있는 항해사와 같습니다. 아이들의 먼 인생 항로에서 언제나 꺼지지 않는 등불이 되어 절망과 역경에 이르렀을 때도 그 앞길을 밝혀 주는 희망의 등불이 될 것입니다.

자라나는 아이들은 미래의 희망입니다. 그들에게 사는 것을 가르치기 위해서는 아이들이 살아갈 조국, 내 나라 내 땅을 위해 땀과 피와 목숨을 바친 훌륭한 역사적 인물들의 씨앗을 우리 아이들의 가슴 속에 뿌려 주는 일일 것입니다. 그 씨앗은 아이들 가슴 속에서 무럭무럭 자라나 마침내 아름다운 꽃과 무성한 열매를 맺게 될 것임을 저는 의심치 않습니다.

이어령 전 문화부 장관

지은이의 말

　우리나라 반만년 역사에는 많은 애국자와 위인이 국운을 융성하게 하고 민족 문화의 기틀을 다지는 데 이바지했습니다. 그런가 하면 나라가 위태롭거나 겨레가 위기에 처했을 때 소매를 걷어붙이고 나선 의사와 우국지사 또한 적지 않았습니다. 이들이 있어 민족 정기와 명운을 유지 보존할 수가 있었습니다.
　그 가운데 항일 의병장 홍범도 장군은 퍽 예외적인 인물이라 하겠습니다. 그는 명망가에서 태어나지도 않았고, 학식이 깊은 것도 아니었습니다. 오히려 가난한 집안 출신이었고, 한글을 겨우 읽고 쓸 줄 아는 정도였습니다.
　하지만 홍범도 장군은 의분을 느낄 줄 알았고, 천성적으로 민첩함과 용기를 갖춘 데다 탁월한 전술을 발휘하여 나라를 빼앗은 일본군과의 전투에서 놀랄 만한 전과를 거두었습니다. 그는 행동하는 애국지사였으며 실천하는 인간형이었습니다. 이 점은 항일 의병 활동 초기에 맹활약을 한 신돌석 의병장과 비슷합니다. 우리는 이런 인물을 통해 평범한 국민도 나라를 구하는 큰일을 할 수 있다는 교훈을 얻을 수 있습니다.

 홍범도 의병장! 그처럼 우리의 상식을 뛰어넘어 크고 작은 전투에서 승전을 쟁취하고, 열악한 환경을 극복해 가며 지속적으로 구국 운동 대열에 헌신한 경우는 찾아보기 힘듭니다. 장군이 그토록 고대하던 우리 민족의 독립을 보지 못하고 눈을 감은 것이 애통할 따름입니다.

 그의 생애는 그야말로 극적이고 파란만장했습니다. 특히 만년의 삶의 우여곡절은 우리의 가슴을 답답하게 합니다. 하지만 초기의 의병 전과와 역사에 길이 기억될 봉오동·청산리 대첩의 공으로 그는 우리 겨레의 가슴속에 영원히 '백두산 호랑이'로 남아 있습니다.

 홍범도 장군의 성장기 때 이름은 종학으로 알려져 있으며, 범도라는 이름은 의병 활동에 투신한 후 갖게 되었다고 합니다. 어떤 학자는 유인석 의병장이 지어 준 것이라 하나 확실하지는 않습니다.

 홍범도 장군의 활동 무대가 대개 북한 지방과 중국의 동북 지방 및 러시아의 연해주 지방이어서, 자료가 충분치 못한 탓에 전기를 쓰는 데 어려움이 있었습니다만 최근 연변과 연해주의 기록들이 대거 햇빛을 보게 되어 이렇게 어린이 여러분께 책을 내놓게 된 걸 다행스럽게 생각합니다.

신중신

차례

추천사 4

지은이의 말 8

1. 천애 고아로 떠돌다 12
2. 희한한 인연 26
3. 포수 부대장 40
4. 의병장, '날으는 홍범도' 52
5. 왜적 군대가 막 쓰러진다 65

6. 연해주와 옌볜을 오가며	80
7. 격돌	95
8. 아! 봉오동 승전	109
9. 긴장이 고조되다	122
10. 살아 있는 전설, 청산리 대첩	136
11. 타국 땅에서	153
12. 적막한 말년	165

1. 천애 고아로 떠돌다

초가 툇마루에도 어둠이 스멀스멀 밀려드는 어스름께였다. 호롱불을 밝힌 지 얼마 지나지 않아 방 아랫목에 누워 있던 환자가 길게 한숨을 토해 냈다. 촛불이 스러지기 전에 한 번 불꽃을 일으키듯 사람의 목숨도 그러하였다.

임종을 지켜보던 이웃 아저씨가 환자의 맥을 짚어 보고는 머리맡에 앉은 어린 소년에게 말했다.

"네 애비는 이제 이 세상 사람이 아니다. 허, 참."

소년은 그 말뜻을 알아들었다. 소년은 고개를 숙였다.

"아버지, 아버지!"

소년은 아버지를 부르며 흐느끼기 시작했다.

때는 1876년, 훗날 왜놈들의 간담을 서늘하게 했던 저 유명한 항일 의병대장 홍범도가 아버지마저 여의고 천애 고아 신세가 되는 순간이었다.

참으로 어려운 시대에 어려운 집안에서 태어나 어려운 처지에 놓인 소년 홍범도. 그때 그의 나이 아홉 살이었다.

홍범도는 근세 조선의 국운이 기울어져 가던 1868년, 평양 서문안 문열사 부근의 가난한 농가에서 태어났다.

아버지 홍윤식은 살기가 어려워 남의 집 머슴살이를 하며 품을 팔기도 했던 농부였다. 원래 윗대 조상은 평안도 용강군 화장골에서 논밭을 갈며 살아왔다.

그런데 고조부 때 평안도 땅에서 중앙의 썩은 정치를 무너뜨리고 백성을 구하겠다고 외치며 홍경래가 반란을 일으킨 큰 사건이 일어났다. 역사에 '홍경래의 난'으로 기록된 이 반란은 실패하여 여기에 가담했던 많은 사람이 목숨을 잃었고, 살아남은 사람들도 뿔뿔이 도망칠 수밖에 없었다.

홍범도의 고조부도 화를 입을까 두려워 사람이 많은 평양으로 숨어들어 장사를 하며 살았다. 낯선 곳에 와서 기댈 데라곤 없었기에 늘 생계가 고단했다.

홍범도의 아버지 대에 이르러선 빚까지 늘어 더욱 앞날이 막막하기만 했다. 당시는 일찍이 과학 문명이 발달한 서양 여러 나라들이 군함과 대포를 앞세워 동양을 자기네 식민지로 삼으려 덤벼들었던 시대여서 일반 백성들의 생활은 더욱 어려워졌다.

근세 조선이 대국으로 섬기던 중국 청나라도 영국의 무력에 짓눌려 굴복을 했다. 드넓은 중국 땅을 자기네 상품을 파는 시장으로 삼고자 영국은 아편 전쟁(1840년)과 애로호 사건(1856년)을 일으켜 전쟁을 승리로 이끌었다. 이로써 '톈진 조약'을 체결, 영국은 청으로부터 홍

콩 땅을 할양받았고 남쪽의 대도시 광동을 개항시켰다.

그로부터 20년이 지난 후 미국도 뒤질세라 우리 나라의 문을 두드렸다. 1866년, 미국 상선 제너럴 셔먼호가 통상하기를 요구하며 대동강을 거슬러 올라왔다.

이에 격분한 평양의 군대와 백성이 들고일어나 배를 불질러 버린 사태가 벌어졌다. 그 밖에도 프랑스 군함과 독일 상인이 나타나 조선을 괴롭혔다.

역사책에는 강대국의 이런 침략과 쟁탈을 두고 '제국주의 시대'라 일컫는다. 선진 강대국 여러 나라는 약소국에 군함을 끌고 와서 함포 사격을 가하며 나라의 문을 열 것과 통상하길 일방적으로 요구했다. 나라의 힘이 약하면 그들의 세력에 눌려 정치적인 수모와 경제적인 손해를 참을 수밖에 없었다. 이처럼 니라 인팎으로 어수선하고 어지러운 시기에 홍범도가 태어났으니 어찌 평온하게 자라날 수 있으랴.

우리 속담에 '엎친 데 덮친 격'이란 말이 있다. 불행에 빠지면 더 큰 불행이 닥친다는 뜻이다. 홍범도의 어머니가 홍범도를 낳은 지 7일 만에 산후 몸조리가 부실하여 젖먹이를 남겨 두고 숨을 거두었다. 워낙 영양 상태가 나빴던 게 원인이었다.

아버지는 인심을 잃지 않았던 덕분에 동냥젖을 얻어먹이며 갓난아이를 연명시켜 나갔다. 어려웠던 그 시절에 명줄을 이어 나간 것만도 커다란 요행이 아닐 수 없으리라.

그렇듯 힘겹게 자라났지만 홍범도는 이제 아버지마저 여의고 만 것이다. 뒷날, 그를 나라를 위한 큰 그릇으로 만들기 위한 시련이었을까?

며칠 뒤, 기별을 받고서 홍범도의 숙부가 서문안골로 찾아왔다. 그는 평양에서 그다지 멀리 떨어지지 않은 시골에서 근근이 살아가던 농부였다.

숙부가 어린 조카에게 말했다.

"형님마저 별세했으니 네가 누굴 믿고 살겠느냐! 나 역시 형편이

말이 아니지만 나 말고 거둘 사람이 세상 천지에 없을 테니 우리 집으로 가자."

"네."

"미리 말해 두지만, 너에게 글공부를 시켜 줄 수는 없단다. 그래도 네 몸뚱이 하나는 튼실하니 장차 상일꾼이 되도록 노력해라."

"잘 알겠습니다."

이렇게 하여 홍범도 소년은 숙부를 따라 낯선 마을로 옮겨갔다.

숙부의 말대로 홍범도는 동냥젖을 얻어먹으며 자란 아이답지 않게 어려서부터 몸이 튼튼했다. 개구쟁이 시절에는 동네 아이들과 어울려 대동강으로 내달아 멱을 감곤 했다. 햇볕에 그을려 피부는 까맣게 번들거렸다.

문열사 돌담을 끼고서 병정놀이를 할 땐 언제나 대장이었다.

"나는 범골 두령이다!"

곧잘 이렇게 외치곤 했다.

그러나 그나마 좋은 시절도 지나가서 이제는 자기 밥벌이를 스스로 하지 않으면 안 될 처지에 놓인 것이다.

범도 소년은 다른 데 정신을 팔 겨를이 없이 숙부 일을 도와 드렸고, 좀더 나이가 들자 마을의 넉넉한 집 꼴머슴으로 들어가기도 했다.

남들은 서당에 다니며 글을 익히거나 아니면 집안에서 어른의 훈도를 받으며 클 나이에 그는 소를 몰거나 꼴 망태를 둘러멨다. 그러면서 뼈대가 굵고 성격도 억세어져 갔다.

홍범도는 어언 만 15세가 되었다. 코밑에 검은 수염이 송송 돋아나는 청소년기를 맞았다. 나이에 걸맞지 않게 기골이 장대한데다, 혼자서 앞날을 개척해 나가야 할 입장이어서 남보다 일찍 철이 들었다.

그 무렵, 평양 감영에서 병정을 모집한다는 방이 붙었다. 이 소문이 홍범도가 사는 시골에까지 전해졌다.

홍범도는 곰곰이 생각해 보았다.

'남의 집 농삿일에 뼈가 휘도록 품을 팔아 봤댔자 입에 풀칠하는 게 고작이지. 이렇게 무지렁이 신세로 썩어 버릴 순 없어. 그래, 군대에선 용맹한 사람을 알아준다 하니 병정으로 팔자를 고쳐 보자.'

이렇게 결심을 굳히고 평양으로 걸음을 재촉하였다.

1883년은 어느 때보다 나라 안이 뒤숭숭하던 시기였다.

세계 여러 나라가 문물을 개화하고 새로운 제도를 발전시켜 나가고 있던 때에, 근세 조선은 지리적으로 한쪽 구석에 위치하고 있어 이를 미처 깨우치지 못했다.

군대의 편성도 오래 전부터 내려오던 그대로 5군영 체제를 유지해 왔다. 훈련도감, 어영청, 총융청, 금위영, 그리고 서울을 방어하는 수어청이 그것이었다. 그러던 중, 신식 군대 양성의 필요성에 따라 별기군을 설치하고 일본인 교관을 불러들여 훈련을 받도록 했다.

그러자 뜻밖의 말썽이 생겨났다.

별기군이라는 신식 군대는 무기며 복장, 급식의 수준이 구식 군대에 비해 월등하게 나왔다. 게다가 구식 군대에겐 봉급으로 지급되던 쌀마저 밀려 불평 불만이 쌓여만 갔다. 일본의 강압적인 무력에 의해 나라가 개항한 이후 일본으로 쌀이 많이 실려 나갔으므로 쌀값이 폭등하여 민심이 흉흉하던 참이었다. 구식 군대에게 봉급미가 밀리다가 겨우 한 달치만 지급되었고, 그나마 모래가 잔뜩 섞인 쌀이 나오자 마침내 폭동이 터졌다.

병사들은 무기고를 습격하는 한편, 차별 대우를 계획한 일본인 교관을 죽이고 일본 공사관을 습격했다. 여기에 일반 백성들도 가세하기에 이르자 집권 세력의 우두머리인 중전 민 씨는 궁중을 탈출하여 충청도 땅에 숨었다.

이를 빌미로 하여, 그 동안 일본 세력에 눌려 소외당했다고 생각하던 청나라가 군대를 파견하여 대원군을 압송해 감으로써 난리는 가라앉았다. 이를 '임오군란'이라고 한다. 일본에게는 50만 원이라는 거금의 배상금을 물어 주고 달랠 수밖에 없었다.

조선에 출동한 청군 사령관은 위안 스카이였다. 외국군이 주둔하게 되면 나라의 자주권은 손상당하게 마련이다. 조정에서는 위안 스카이의 제의를 받아들여 군대도 청군의 편성대로 '신건친군'이라는 군제로 개편하였다. 5군영이 전·후·좌·우영과 친군 별영으로 바뀌었다.

각 군영은 청나라를 통해 수입한 영국제 소총과 청의 텐진에서 만든 대포로 새로 무장을 갖추는 듯했다. 홍범도가 병사가 되고자 평양으로 찾아간 때는 임오군란이 일어난 이듬해였다.

그런데 병사가 되려면 만 17세 이상이어야 한다는 국법이 있어 홍범도의 입대 노력은 수포로 돌아가고 말았다. 체격으로나 체력으로는 조금도 뒤떨어지지 않았지만 나이가 맞지 않았던 것이다. 그래도 뒤로 돈을 쓴다면 가능하다는 소문이 있어 입맛이 한결 씁쓸했다.

"그냥 돌아간다? 그래 봤자 땅은 갖지 못할 팔자이니 남의 집 종살이를 할밖에……. 하늘이 무너져도 솟아날 구멍이 있다 하니 다른 기회를 노려 보도록 하자."

뜻이 있으면 길이 열린다는 말이 맞는 모양이다. 홍범도가 이런 결심을 한 지 얼마 되지 않아서, 평안 감영에서 신호병 직책인 나팔수를 약간 명 뽑을 거라는 말이 나돌았다. 홍범도는 나이를 두 살 올려 지원하여 마침내 합격을 따냈다.

꼴머슴살이를 해 오던 홍범도에게 제2의 인생이 열린 것이다. 그는 '기영'으로 불리던 평안 감영의 우영 제1대에서 나팔수 보조가 되어 일반 병사들이 받는 사격술도 연마했다.

평안 감영에 속한 군대가 곧이어 '친군 서영'이란 이름으로 개편되었다. 이를 계기로, '친군 서영'의 병력 가운데 일부를 뽑아 서울의 치안을 보강케 했는데 홍범도도 여기에 끼였다. 몇 개월 동안이지만 서울에서 무위영·장어영 병사들과 함께 훈련을 받을 수 있었던 건 행운이 아닐 수 없었다.

평안도로 돌아온 후, 하루하루 세월이 흘렀다. 한동안은 군대 생활이 만족스럽기도 했다. 먹고 자는 데 걱정이 없으려니와 군복을 입고 총을 다루는 일이 홍범도의 활달한 성격에 맞아떨어졌기 때문이다. 그런데 나이가 더 들자 졸병 신세가 성에 차지 않았다.

1876년, 일본과 '병자 수호 통상 조약'이라는 불평등한 조약이 체결된 후, 날마다 서양 문물이 쏟아져 들어왔다. 오랜 나날 동안 지켜져 왔던 우리의 전통과 질서가 무너지면서 백성의 삶은 한층 찌들어만 갔다.

전국 곳곳에서 크고 작은 농민 봉기가 끊이질 않았다. 군대가 좀더 근대적으로 개편되었다. 하지만 뇌물이 오가고 부패하기는 매 한가지였다. 게다가 군대에서마저 양반·상놈의 차별이 판을 쳤다. 장교인 '군교'가 되려면 양반 출신이 아니고선 불가능했다.

'나라를 지키고, 백성의 목숨과 재산을 보호해야 하는 군대에선 능력이 우선되어야 한다. 양반이라고 높은 자리를 독차지하고 거들먹 거리다니……. 이런 판국에 어떻게 큰 뜻을 펴 볼 수 있을 것인가? 마음속으로 은근히 불만을 품어 오던 차에 불상사가 생겼다.

올바른 군교라면 병사를 엄격하게 통솔하되 깊은 전우애로 보살펴 주어야 마땅하다. 그런데 군교라는 우월한 지위를 이용하여 사리사욕을 채우려 들고, 지체가 낮은 병사라 하여 업신여기며 못되게 굴면 부하 사병으로부터 존경을 받지 못하는 법이다.

한 군교가 홍범도에게 부당한 짓을 하자 분노가 폭발했다. 주먹과 발길질이라면 결코 남에게 뒤지지 않는 홍범도였다. 온당치 못한 군

교를 실컷 두들겨 패고 말았으니 뒤탈을 걱정하지 않을 수 없었다.

홍범도는 그 길로 줄행랑을 쳤다. 어디로 갈 것인가? 숙부 말마따나 이 천지에 자기를 거두어 줄 사람은 숙부 한 사람밖에 없으나 이제는 그리로도 갈 수가 없었다. 더구나 자립할 각오를 하고 숙부의 슬하를 떠났던 게 아닌가.

앞날에 대한 두려움으로 이런저런 생각에 골몰하다가 군대 동료로부터 들은 말이 떠올랐다. 평안도 땅에서 그리 멀지 않은 황해도 수안군 수구면 쪽에서 가내 공업이지만 종이 만드는 제지업이 성행한다는 말이었다. 그곳은 닥나무가 많이 자라는데다 총령천이라는 사철 마르지 않는 계곡 물이 흘러 종이 생산의 적격지로 소문이 났다.

산이 깊지만 근처에 광산들도 여럿 있어 8도의 뜨내기 노동자들이 많이 모여든다고 했다.

'그래, 그곳이라면 일자리를 얻기도 수월할 거고, 쫓기는 몸을 숨기기에도 안성맞춤일 거야.'

홍범도는 그 길로 총령을 향해 발걸음을 옮겼다.

총령은 듣던 대로 험지였다. 첩첩산중에 나무가 울창했다. 그럼에도 평양에서 서울로 가는 길에서 크게 벗어나지 않아 아주 외진 곳이라고는 할 수 없었다.

헐렁한 괴나리봇짐에 짚신을 신은 청년은, 높은 산 위로 흘러가는 구름을 보며 나 또한 저런 신세려니 싶었다. 정처 없는 나그네 걸음이라면 뜬 구름과 무엇이 다르랴. 어디선가 펑, 펑 하는 장끼의 울음소리가 들리는가 하면, 비비비 빗종 하는 산새 소리도 곁들여졌다.

혈혈단신인 홍범도는 총령 아래 제지촌에서 일자리를 쉽게 얻을 수 있었다. 건장한 그였지만 종이 뜨는 기술이 없는지라 처음에는 닥나무를 베어 오는 일부터 했다.

워낙 성실한 그는 시간이 지날수록 종이를 뜨는 기술이 늘었다. 이태가 지나고 3년째를 맞은 시점이었다. 나이도 만 스무 살의 장부가 되었으니 그야말로 상일꾼이었다.

당연히 일당 삯이 늘어날 수밖에 없었다. 그렇게 되자 주인이 이 핑계 저 핑계를 대며 품삯 주는 걸 미적거렸다. 아마도 몸을 숨겨야 하는 형편을 눈치 챈 탓일는지도 몰랐다.

아니면 이유가 딴 데 있었던 걸까. 홍범도가 뒤늦게 알았지만 주인은 동학 교도였다. 틈만 나면 홍범도에게도 동학에 들어 동학 교도가 되길 권유했다.

동학은 원래 서양의 종교인 천주교의 전래에 반발하여 우리의 전통 신앙에 불교·도교의 사상을 섞은 종교 운동으로 출발했었다. 1대 교주 최제우가 이끌어 나갔는데 민생고에 시달리던 많은 백성의 호응을 얻었다.

그러자 조정에서는 이 세력을 위험하게 여겨 백성을 미혹시키는 나쁜 종교라 낙인찍고 교주를 잡아다 처형시켰다. 국법으로 동학을 믿거나 포교하는 것을 금지했으나 일반 대중 속에서는 여전히 세력을 넓혀 가던 중이었다.

홍범도는 골치 아픈 종교 문제에는 관심도 없었다. 그보다는 밀린 품삯이나 받았으면 했다. 벌써 품삯이 7개월 치나 밀렸다.

그러다 보니 주인과 홍범도 사이에 시비가 잦아졌다. 돈을 달라는 홍범도의 말에 주인은 동학 교도가 되라며 딴청을 부렸다.

"이런 법이 어디 있어요? 장사가 안 돼 밀린다면 몰라도 지금 창호지 시세는 여전하지 않아요?"

"이 사람 보게. 구차스런 입장을 돌봐 준 은혜는 모르고 돈 타령만 하다니. 자네가 그렇듯 떳떳하다면 맘대로 해 보게나."

"뭐라고요? 일 열심히 한 게 무엇이 떳떳치 못하단 말이오!"

타고난 성미가 급하고 괄괄한 홍범도는 불의를 참지 못하고 주먹질을 해 댔다.

"너 같은 놈 밑에서 코가 빠져 살 내가 아니란 말이야."

급기야는 박치기로 주인을 거꾸러뜨렸다. 불뚝 성질이 치밀었던 것이다.

홍범도는 그 길로 총령 경계를 벗어나 산길을 탔다. 억장이 무너지는 심정이었다.

2. 희한한 인연

황해도에서 강원도로 넘어가면서 홍범도는 자신의 기구한 인생을 한탄했다.

'세상은 참으로 야속하군. 뼛골 빠지게 일해 주고 품삯도 못 받았는데 도리어 남의 눈을 피해 도망쳐 다녀야 하는 팔자가 되다니! 나라가 바로 서고, 사람이 태어날 때부터 귀하고 천함이 따로 없다면 이런 처량한 신세는 면할 게 아닌가.'

신분이 낮은 사람은 제아무리 안간힘을 쓰며 열심히 살아도 억울한 일을 당하게 마련이다. 그와는 반대로 양반으로 태어났다고 해서 큰소리를 치고 힘없는 자를 괴롭히며 자기 배만 채우는 관리는 얼마나 떵떵거리며 사는가.

'아! 이처럼 바르지 못한 세상에 내가 발 붙이고 살 수 있는 곳이 어디 있으랴. 세상을 바로잡지 못할 바에야 속세를 떠나 하루라도 편히 살 데를 찾아봐야지.'

그는 발길이 닿는 대로 강원도 북쪽의 평강 · 철원 · 회양을 떠돌았다. 옥수수를 수확하고 감자를 캘 철이면 아무 마을에나 머물며 품을 팔았다. 그래서 약간의 노자도 마련했다.

하지만 마음은 노상 편치 않았다. 언제 어디서 관헌의 검속을 받아 신분이 탄로날지 모를 일이었다. 근본을 댈 수가 없는데다 여차하면 도망병, 폭행 수배자로 체포당할 위험이 있었다.

여러 마을을 돌다 보니까 아무래도 해안 지방이 남의 눈을 피해 지내기가 수월할 거라는 판단이 섰다. 홍범도는 바닷가를 향해 걷다가 금강산 근처의 지방으로 내려왔다. 온정리를 거쳐 양진리라는 마을에서 발길을 멈추었다.

그곳에 며칠 묵는 동안 절에 불공을 드리러 가는 사람들을 자주 볼 수가 있었다. 내외가 함께 나선 사람들이 있는가 하면, 시어머니와 며느리, 어머니와 딸이 동행한 경우도 적지 않았다. 그 표정들이 한결같이 평화스럽게 느껴졌다.

그때 불현듯 자신도 절을 찾아가 보자는 생각이 솟구쳤다. 하루하루가 고단한 날의 연속이고, 오늘밤은 어디서 자야 할까를 걱정하느니보다 차라리 절 밥을 얻어먹으며 몸을 의탁하는 것도 괜찮을 성싶었다.

양진리에서 금강산으로 오르는 초입께에 신계사라는 절이 있다는 걸 알았다. 지담 스님이라는 이름난 주지 스님은 인심이 박하지 않다는 평판이었다. 홍범도는 어렵사리 스님을 대면할 기회를 얻었다.

스님이 물었다.

"무엇 때문에 날 찾는고?"

"황송하게 됐습니다요. 소인은 의지할 데 없는 떠돌이 신세입니다. 내세울 만한 건 없으나 힘은 남만 못지않으니 거두어 주시면 험한 일을 마다하지 않겠습니다. 어리석고 부족하나마 부처님 제자가 되길 소원합니다."

"뜻은 갸륵하군. 그래, 문자는 터득했던고?"

"부끄럽습니다만 배울 기회가 없었습니다. 다만, 언문(당시에 한글을 낮추어 부른 말)은 어깨 너머로 익혀 기역 니은 정도 알 따름입니다."

"쯧쯧, 시절이 오죽잖으니 그럴 수밖에. 보아하니 사정이 딱하고, 성정 또한 믿을 만한 듯하니 머물도록 하게."

이렇게 하여 홍범도는 신계사의 식솔이 되어 머리를 깎고 절옷을 입었다. 그리고 경내를 빗자루로 쓸고 나무를 지어 나르거나 물을 길어 오는 궂은 일을 도맡았다. 절에서 지내기는 했지만, 염불을 외고 수덕을 쌓는 과정에 들어가려면 때를 기다려야만 했다.

하지만 홍범도는 불교의 가르침을 깨우치고 수도하는 일에는 별반 흥미가 없었다. 다만, 까막눈으로 산다는 건 부끄러운 일이라는 걸 알고 있었으므로 틈만 나면 가나다라를 외고 썼다.

그러다가 한가한 시간을 얻으면 계곡에 발을 담그고 솔바람 소리를 듣는 걸 좋아했다. 청년기로 접어들어 가슴에는 막연한 그리움 같은 감정이 움트기도 했다. 아니면 바람처럼 어디든 훨훨 날아다니고픈 충동이 솟구치기도 했다.

그러던 어느 날이었다. 신계사 부근에는 비구니(여자 스님)만 수도하는 절이 있다는 말을 들었는데, 우연히 그 절의 여승을 알게 되었다. 호젓한 산속, 외로운 젊은이들끼리 금세 눈이 맞았다.

불교에 몸을 의탁한 수도자에겐 이성과 사사로이 접촉하는 것이 엄하게 금지되어 있었다. 두 젊은이는 그런 계율을 모르지 않았지만 서로에게 기우는 마음을 어쩔 수가 없었다. 밤 깊은 때에 몰래 만나는

날이 늘어만 갔다.

단양 이 씨이며 고향이 함경도 북청 어디라는 비구니는 홍범도의 남자다움을 믿고 자신을 맡겼다. 한 달이 가고 두 달이 지나자 그녀는 자신이 임신한 사실을 알게 되었다. 한시바삐 절을 떠나야 했다.

둘의 마음은 가시방석에 앉은 꼴이었다. 야반도주를 해야 할 텐데 그건 절에 얼마나 폐를 끼치는 일인가? 또한 절을 빠져나가서 도대체 어디에 거처를 얻을 것인가?

"출가한 몸으로 어떻게 고향을 찾을 수 있단 말입니까. 하지만 그쪽의 형편이 옹색해서 달리 방도가 없으니 일단 북청으로 방향을 잡읍시다."

수심기 어린 이 씨의 말이었다.

"아무리 생각해도 그 길밖에 없겠소. 희한하게 맺어진 인연이지만 장차 태어날 아이를 위해 혼례는 올려야지요. 찬물 한 대접 떠 놓고 올린들 대수겠소."

"그렇게라도 되길 바라야겠지요."

두 사람은 여름밤을 틈타 신계사 경내를 빠져나왔다. 홍범도가 총령 계곡에서 도망쳐 뜨내기로 나돈 때부터 어느새 4년이 경과한 1892년이었다.

하지만 세상일이란 게 뜻대로 되지는 않는 법. 시대가 어지러울수록, 또 신세가 고단할수록 매사가 꼬이게 마련이다.

삭발한 머리를 수건으로 가리고, 부른 배를 추스려 가며 둘이 원산 인근에 이르렀을 때 뜻밖의 불운과 맞닥뜨렸다. 황망한 가운데 홍범도는 몸을 피해야 했고, 이로써 이 씨와 생이별을 하고 말았다. 기가 막힐 노릇이었다.

'나를 잃고서 그 사람이 무슨 면목으로 북청으로 갔을까! 꼭 찾도록 해야지. 단양 이 씨, 옥녀. 무사히 해산을 한다면 내게 혈육 하나가 따를 테니 기필코 재회를 도모해야 하리라.'

그러나 이건 어디까지나 마음속의 다짐이었고 현실은 막막하기만 했다. 홍범도는 이런 운명의 깊은 수렁에 빠져 세상을 더욱 미워하고 저주하지 않을 수가 없었다.

'흙을 파먹으며 조용히 살아가겠다는 소박한 소망도 허락하지 않다니! 나란 사람은 기구한 팔자라 그렇다 치더라도 나를 믿고 모든 걸 맡겼던 그 사람은 어떻게 될 건가. 이놈의 세상을 영 등지고 살아야 할까 보다.'

홍범도는 입을 앙다물었다.

정처 없이 떠돌던 홍범도는 강원도 회양의 덕패장 거리에 다다랐다. 수염을 깎지 않아 덥수룩한 얼굴에 봉두난발을 머리 끈으로 불끈 동여매어 가까스로 체면을 세운 몰골이었다.

그런 모습이 함경도 산속을 누비는 포수로 보였던가 보다. 장터에서 한 포수를 만났는데, 그쪽에서 동료인 줄로만 알고 급히 돈이 필요해서 그러는데 화승총을 사지 않겠느냐고 물어 왔다.

이야말로 하늘의 뜻이란 생각이 홍범도의 머릿속을 스쳐 지나갔다.

화승총 한 자루만 있다면 산속을 헤집고 다니며 생계를 꾸려 갈 수 있을 성싶었다. 홍범도는 쌈짓돈을 다 털어서 총과 탄환을 샀다.

이 우연한 계기로 홍범도는 포수 생활로 자신의 운명을 바꿔 버렸다. 함경도는 산이 험하고 깊어 호랑이를 비롯해 곰과 사슴을 쫓는 사냥꾼들이 득실거렸다. 나라에서도 이들의 생업을 허가해 주었을 뿐만 아니라 그 위세를 빌리기도 했다. 나라 안에 난리가 터졌는데 관군의 힘이 모자라면 곧잘 함경도 포수를 징발하여 진압한 적이 한두 번이 아니었다.

홍범도가 포수가 된 것은 스스로에게 일거양득의 행운이었다. 지겨운 세상을 등지고 산중에서 짐승과 대결하는 짜릿한 순간을 즐기는 생활은 은연중에 바라던 바였다. 뿐만 아니라, 그가 그토록 좋아했던 사격 솜씨와 격검술을 연마할 수도 있을으니까.

훗날, 일본 군대가 홍범도를 가리켜 '날으는 홍범도'라 부르며 혀를 내두른 것은 바로 이런 연유에서이다. 억세고 힘이 장사인 그가 산을 누비게 됨으로써 표범처럼 날쌔졌다. 그의 위는 적은 음식과 물로도 능히 견뎌 낼 수 있을 정도로 단련되었다.

나이도 어느덧 스물대여섯을 헤아리게 되어 상투를 틀어 올렸다. 시원시원하게 생긴 대장부 장골이었다. 주먹을 내리치면 곰 대가리도 부숴뜨릴 만큼 힘이 넘쳤다. 사격술은 백발백중이었다. 무엇이 두려우랴.

홍범도가 이처럼 산간을 헤매고 다니던 때에 그가 그처럼 등지고 싶어했던 세상 꼴은 말이 아니게 뒤틀려 있었다.

  1894년, 갑오년은 우리 나라의 역사가 그 어느 때보다 소용돌이친 한 해였다. 정치적으로 중앙에서 '갑오경장'이라 불린 새 제도가 시행되다가 실패했다. 개화파인 김홍집 등이 중전 민 씨 일파의 사대 세력을 물리치고 대원군을 불러들였다. 새 국가 체제를 갖추고자 208건의 정책을 의결·공포했는데, 그 중에서 반상(양반과 상인 등 4계층의 사람들을 일컬음)이 법률상 평등하고, 평민도 관리에 등용될 수 있으며, 노비 문서를 폐지하는 것 등은 획기적인 조처라 할 만했다.

  그런가 하면, 지방에서는 '갑오 농민 전쟁'이 들판의 불길처럼 타오르며 전국으로 확산되었다. 이는 최제우의 처형 이후 잠잠했던 동학 교도가 전라도 고부 군수 조병갑의 학정에 항거하여 들고일어나자 농민이 합세하여 전국적으로 퍼져 나간 혁명이었다. 동학의 우두머리 전봉준이 관청을 습격하며 세력을 넓히자 관군은 궁지에 몰렸다.

  이에 청나라와 일본 군대가 들어와 가까스로 농민군을 진압했으나, 필경 두 나라의 충돌은 피할 수가 없었다. 전쟁은 일본의 승리로 돌아갔는데 이를 '청일 전쟁'이라 부른다. 이로써 일본은 조선의 정치·경제·사회·문화 전 분야에 걸쳐 거리낌 없이 영향력을 넓히며 이권을 챙겨 나갔다.

  일본의 야심과 파렴치한 만행이 홍범도의 귀에까지 들려 그의 꿈자리를 어지럽혔다.

  그뿐이 아니었다. 이듬해 을미년(1895년)에는 일본 불량배들(낭인이라 하여 실제로 깡패 무리나 다름없는 자들)이 궁궐에 침입하여 중전 민 씨를 살해한 끔찍한 사건이 일어났다. 자주 국가 국민이 '국모'로 받드는 중전을 난도질하여 그 시체를 장작더미에 던져 불태웠다니, 백성들이 어찌 가만히 보고만 있을 수 있겠는가.

홍범도의 가슴속에는 말로 다할 수 없는 비분이 들끓었다.

그해 음력 8월에 홍범도는 강원도 단발령을 넘고 있었다. 거기서 황해도 서흥 태생의 포수 김수협을 만나 서로 뜻을 모았다.

일본 군인이 백주 대낮에 남의 나라에서 설쳐 대는 꼴을 방관한다면 민족의 자긍심을 어디서 찾는단 말인가. 또 '일진회'라는 일본 앞잡이들이 지방 각처에서 자기 잇속만 차리는 걸 묵인한다면 민족의 앞날이 어떻게 될 것인가. 이렇게 앉아서 당할 수만은 없었다.

홍범도와 김수협은 우선 적은 병력의 일본군을 공격하여 무기를 탈취하는 게 급선무라는 데 의견을 모았다. 무기가 확보되면 동지를 끌어 모을 수가 있었다.

이때만 해도 전국 도처에 일본 군대가 파견되어 있었다. 상업을 하는 자기네 거류민을 보호한다는 명목 아래, 또 광산이며 우편의 이권을 지킨다는 명분으로 병영을 두고, 때로는 호송 임무를 띠고 나돌아 다니기 일쑤였다.

마침 홍범도와 김수협 둘이 거처를 삼고 있던 데서 멀지 않은 철령 고갯마루는 일본군이 심심찮게 지나다니는 길목이었다. 고산군과 회양군의 접경지이기도 했다.

잠복을 하고 때를 기다리기를 며칠. 마침내 적당한 공격 대상자를 찾아냈다. 무장한 일본군 여러 놈이 감히 누가 자신들을 건드리겠느냐는 듯이 방만한 대열로 고개를 올라오는 중이었다.

"아주 좋은 먹이감이야. 숫자는 적지 않으나 위치가 썩 좋으니 승산이 있어."

"물론. 무엇보다 저놈들이 경계를 풀고 있으니까 정신을 차릴 겨를을 주지 말고 단번에 해치워야 해."

"아암, 앞쪽 놈들은 내가 맡겠네. 자넨 후미를 박살내 주게."

곧이어 총구가 불을 뿜었다. 순식간에 여러 놈이 나뒹굴었다. 요행히 총탄 세례를 벗어난 자도 외길에서 몇 걸음 못 가서 쓰러졌다. 일급 포수의 솜씨가 아니고선 무장한 일본군을 전멸시키기는 어려운 일일 터인데, 이들은 해냈다.

보총 여러 자루와 탄환 그리고 비상 식량이 들어 있는 배낭 따위를 노획했다. 둘은 속전속결의 뿌듯한 기쁨을 안고 현장을 떠나 안변군 학포로 몸을 숨겼다. 거기에서 무장을 기다리는 의병 지원자들이 대기하고 있었던 것이다.

이 공격이 홍범도의 일생을 통한 항일 의병 투쟁의 첫걸음이었다. 이로부터 두 사람은 제법 대오를 갖춘 의병대를 거느리게 되었고, 더 큰 전투에 임하고자 철원 보개산에 진을 치고 있던 유인석 의병 부대 휘하에 들어갔다.

여러 차례의 전투가 잇따라 벌어졌다. 일본군은 뒤늦게 병력을 증

파하여 의병 활동의 초기부터 그 싹을 없애려 덤벼들었다. 큰 전투가 있은 뒤, 의병대는 병력 손실이 막심하여 더 지탱할 힘을 잃고 말았다. 홍범도와 뜻을 같이 했던 김수협도 전사하고 말았다.

의병장 유인석은 대세가 기울자 훗날을 도모하며 남은 의병들을 해산시켰다. 살아남은 자들이 뿔뿔이 흩어질 때 홍범도도 황해도 연풍의 금광으로 피신해 갔다.

개풍군에서 멀지 않은 이 일대는 금전판이라 하여 떠돌이 광부들의 왕래가 잦아 의심을 면할 만했다. 그는 이곳에 근거지를 정하고 단독으로 행동하는 때가 더러 있었다.

일본군 기마병 세 명을 공격하여 총을 탈취하여 남의 눈에 띄지 않는 장소에 숨겨 놓기도 했다.

강원도로 달음질쳐 와서는 탐관오리로 악명이 자자하던 덕원읍 좌수 전성준 집을 급습한 바도 있었다. 총구를 들이대고 위협하여 일본 돈 8천여 원을 빼앗고 마을 밖으로 끌어내 총살시켰다.

이후 3년여 동안 홍범도의 행적은 엄격한 의미에서 의병 활동이 아닌 일종의 의적 같은 행동이었다. 당시엔 삼남 각지에서 활빈당 등 의적을 자칭하는 무장 무리들이 적지 않았다. 홍범도의 경우는 백성의 원성을 듣는 관리를 해치는 데 국한한 것으로 알려져 있다.

하지만 이런 일이 순조롭게 거듭될 수는 없었을 것이다. 일본군과 관군의 경계가 한층 삼엄해져 마침내는 옴짝달싹할 수 없는 지경에 이르렀다. 소총도 간수하기가 거추장스러워졌고 탄환 조달마저 막혔다. 의복이 남루하고 식량이 떨어져 굶는 날이 허다했다. 홍범도는 매일 밤을 불안에 떨기보다는 감시가 덜한 지방으로 옮겨 가 사냥에 전념하고 싶었다.

서른이 넘어 옛날 일이 사뭇 그리워졌던 걸까. 홍범도는 해진 짚신을 끌고 북청을 향해 걸음을 옮겼다. 어쩌면 지난날, 불의의 변고로 헤어진 이 씨를 상봉할 수 있지 않을까 하는 기대도 했을 것이다.

그의 막연한 기대는 들어맞았다. 북청에 이르러 수소문해 본 결과, 이 씨를 찾아낼 수가 있었다. 그녀는 그때 임신했던 아이를 낳아 양순이란 이름을 지어 주고 키우고 있었으니 눈물겨운 일이었다. 아이는 벌써 일곱 살이 되어 초췌한 아버지에게 큰절을 올렸다.

가족과 함께 살게 된 후 홍범도는 포수로 생계를 꾸려 나갔다. 얼마 지나지 않아 둘째 아들이 태어나자 이름을 용환이라 지었다. 비록 가난한 생활이었으나 홍범도의 일생을 통해 가장 평온하고 단란한 세월이었다.

이 7년간의 시기가 홍범도에게 평탄한 삶이었던 동시에 날갯죽지가 꺾인 독수리의 형국인 셈이었다.

3. 포수 부대장

"이보슈, 홍 포수. 우리도 이젠 자기 앞가림만 할 게 아니라 힘을 합쳐 봐야 하지 않겠소? 이쪽 두 면은 직업 포수들이 적지 않으니 우리의 이익을 위해 한 목소리를 낼 필요가 있소."

주막집 봉당에 막걸리 소반을 가운데에 두고 몇 사람의 장정이 둘러앉았다. 누군가가 맞장구를 쳤다.

"진작 계(특수 직업인들끼리 만든 친목 단체)를 만들었어야 했어. 세금이 좀 많은가. 내라는 대로 바칠 재간이 있으면 몰라도."

"나도 그런 생각이오. 포수계를 조직하면 달리 힘쓸 데도 있을 것 같고······."

홍범도가 고개를 끄덕거렸다.

"쇠뿔도 단김에 빼랬다고······ 이 자리에 웬만한 사람은 다 모였으니 이 참에 계를 만듭시다. 우리야 우물 안 개구리 같은 사람이니까, 타지 물정에도 밝은 홍 포수가 앞장을 서 주시오."

북청군 안산, 안평 두 면은 예로부터 포수들이 사냥을 생업으로 삼는 집이 많은 고장이었다. 이날 몇 사람의 뜻이 맞아 포수계를 만들고, 그 우두머리인 포연 대장에 홍범도를 앉혔다. 홍범도는 내심 쾌재를 불렀다. 그에겐 나름대로의 꿍꿍이속이 있었다.

1904년, 몇 해 전의 청일 전쟁에 이어 러일 전쟁이 벌어졌다. 조선 땅에서 일본의 영향력이 커지자 이에 위기를 느낀 러시아가 간섭을 하고 나선 것이다.

섬나라 일본은 근래에 이르러 개화 정치를 펴는 한편, 서양 문물을 받아들여 군비를 증강하고는 침략에 나선 신흥 강국이다. 이에 비해 러시아는 넓디넓은 국토를 토대로 세계 열강 가운데 손꼽히는 대국이었다. 두 나라가 정면 충돌을 한다면 일본의 힘이 미치지 못하겠지만, 조선에 대한 이권으로 전쟁을 벌이면 일본이 지리적으로 가까워 월등히 유리했다. 실제로 지구의 반 바퀴를 돌아온 러시아 발틱 함대가 일본 함대에게 격파당함으로써 전쟁은 싱겁게 끝났다.

조선에 인접한 두 대국, 즉 청나라와 러시아를 무찌른 일본은 한반도를 자기네 것으로 삼는 데 거칠 것이 없었다. 나라 안으로는 친일파를 겹겹이 심어 놓아 조선을 통째로 삼키려 들었다.

그 해 가을에 홍범도 포수대는 몇 차례 일을 저질렀다. 친일 앞잡이들이 모여 있다는 회의장을 급습하여 일망타진하는가 하면, 일본군 3명을 처치하고 총과 탄환을 빼앗기도 했다.

삼엄한 경계망이 퍼져 홍범도도 체포당한 적이 있었다. 그는 6개월간 감옥에 갇혀 있다가 탈옥해서 잠시 황해도 쪽으로 피신키도 했다.

그 사이에 조선 정부는 일본의 강압에 의해 1905년에 외교권을 상실했다. 그뿐만 아니라, 이태 뒤인 1907년에는 이준 열사의 '헤이그 밀사 사건'이 터진 걸 빌미로 일본은 고종 황제를 퇴위시키고 순종을 보위에 앉혔다. 순종은 일본의 강권에 못 이겨 대한제국 군대를 해산하는 칙령을 반포하고 말았다.

곧이어 '총포급 화약류 단속법'을 시행하여 해산당한 군인뿐만 아니라 민간에서 사용되던 모든 총과 도검류, 화약까지 거두어들이도록 강요했다. 그야말로 포수들에겐 명줄을 끊는 거나 다름이 없었다.

잠시 숨을 죽이고 지내던 홍범도는 더 이상 참을 수가 없어 결연히 나섰다. 바야흐로 본격적인 항일의 깃발을 높이 치켜드는 순간이었다.

'지금까지의 내 활동은 단독 투쟁이었거나 개인적 감정에 치우친 응징에 지나지 않았다. 일본군을 공격하고 무기를 빼앗았던 것도 나라를 구해 보겠다는 대의에 따른 건 아니었다. 그러나 이제부터는 다르다. 우리 국토를 짓밟는 왜놈들을 박멸하고 다시는 넘보지 못하도록 의병 항쟁에 이 한 목숨을 바치도록 하자.'

홍범도는 이제 나이도 마흔 살을 앞둔데다가 인간적으로나 사상적으로 성숙하여 큰 안목으로 자기의 앞날을 설계할 수가 있었다.

북청에는 겨울이 빨리 온다. 주위에서 해동이나 하거든 거사하자고 만류하는 사람이 있었으나 한 번 뜻을 정하면 실천에 옮기지 않고는 못 배기는 게 홍범도의 성격이었다.

1907년 11월에 안평 · 안산 두 곳의 포수 60여 명을 모아 항일 의병대를 조직했다. 많은 대원을 거느리고 활동을 하려면 무엇보다 군자금이 필요했다.

옳거니 싶었다. 일본에 빌붙어 자기 일신의 영화를 누리려 하는 면장, 이런 시국에 자신의 사리사욕만 채우려는 일본 추종 단체인 일진회를 토벌하고 볼 일이었다. 제대로 무장 역량을 갖추지 못한 그로서는 이것이 가장 바람직한 방책으로 여겨졌다.

11월 16일, 홍범도가 이끄는 포수 의병대는 작수동으로 가서 안평 면장 집을 쑥대밭으로 만들었다. 약간의 재물을 획득하고는 면장을 끌고 나와 지은 죄를 실토받고는 처형했다.

11월 19일에는 야밤을 타고 안산으로 이동하여 면장 부자를 총살하고, 날이 샐 무렵엔 마을 유지인 일진회 회원 다섯 명을 처치했다.

일제는 이를 두고 '안평 소요 사건'이라 불렀다. 당국에선 노우에

경부로 하여금 경찰 병력을 인솔해서 현지를 조사하여 보고하도록 했다. 경부는 포수 출신의 비적(일제 앞잡이들의 용어로, 의병대를 무장을 하고 떼를 지어 다니는 도둑 무리라고 폄하하여 칭하는 용어) 십여 명이 출몰하여 벌인 일이라고 보고서를 올렸다.

두 면에서 잇따라 소동을 일으킨 홍범도는 근거지를 옮겨야 할 필요성을 느꼈다. 우수한 화력을 갖춘 일본군이 들이닥친다면 다수의 인명이 다칠 게 뻔했다. 아직은 당당히 맞설 무력을 갖추지 못한 탓이었다.

그 무렵, 북청 인근의 깊은 산속에선 다른 의병 부대도 활동을 하고 있었다. 그 중에 금전꾼으로 인망이 높아 소규모 병력의 두령이 된 차도선, 장진군 출신의 포수로 사냥꾼 동료를 규합한 송상봉이 손을 잡고 의병 부대를 이끌었다.

홍범도의 포수 부대는 이들과 합류했다. 백 수십 명의 인원이 일단을 이룬 것이다. 제각기 의병을 이끌어 온 우두머리들은 머리를 맞대고 의논을 했다. 이쯤의 병력이라면 정규적인 부대 편성을 해야 하고, 단일 계통의 지휘 체계를 위해선 총지휘자를 추대해야 마땅했다.

의논 결과, 노련한 포수로 이름난 70세 고령의 임창근을 총지휘관인 '도독'으로 받들기로 하고 실전 경험이 많은 홍범도를 '부도독'으로 삼는다는 결정을 보았다. 그 아래 7개 분대로 편성하여, 본부 분대인 제1분대를 차도선이 맡기로 했다.

부대원들은 대개가 포수 아니면 광부였다. 임창근을 '도독'으로 추대한 것은 나이 많은 사람을 떠받드는 당시의 풍속에 따른 것이다. 그러므로 실질적으로 부대를 운용할 때는 홍범도, 차도선, 태양욱, 송상봉 같은 단위 부대 두령이 힘을 발휘했다.

본격적인 의병 편성과 대오를 갖춘 이들은 이후 후치령을 투쟁 근거지로 삼았다. 후치령은 북청에서 삼수, 갑산, 혜산 세 군데로 통하는 전략상의 요충지였다.

연일 한파가 몰아치는 11월 하순께였다. 의병은 군복은커녕, 사철 걸치는 낡은 사냥 복장이거나 그것도 아니면 홑겹 무명 고의적삼 차림이었다. 찬 냉기가 뼛속까지 훑는 듯했다.

게다가 일본 정규군이 포위망을 좁혀 오고 있지 않은가.

북청 쪽에서 미아베 보병 대위가 이끄는 2개 소대 병력 60여 명이, 또 신풍리 쪽에서는 아오토 대위가 인솔하는 일대의 병력이 협공으로 작전을 펴고 있었다. 보병과 헌병, 경찰로 구성된 진압군 체제였다.

홍범도는 무기의 열세를 유리한 방어 진지로 만회코자 했다. 후치령을 넘나드는 고개는 외길이었다. 그 꼭대기에 사람이 살지 않는 허름한 주막 한 채가 덩그렇게 자리잡고 있었다. 여기에 잠복해 있으면 양편의 길목이 한눈에 바라보였다.

홍범도는 사방의 벽에 구멍을 뚫게 하여 그 구멍마다 사격술이 뛰어난 사수를 배치했다. 이들이 소지한 화승총은 방아쇠를 당길 때마다 탄환이 하나씩 나가는 단발인데다가, 한 발을 쏘고 나서 그때마다 화약을 채우고 불을 붙여야 하는 불편한 구식 총이었다. 따라서 각 구

명의 사수 옆에는 화약을 채워 주는 사람, 탄환을 장전해 주는 사람, 화승대에 불을 붙이는 사람이 있어야 사격을 순조롭게 할 수 있었다.

적의 선두가 모습을 드러냈다. 산속에서는 깊은 정적이 흘렀다. 1초, 2초…… 때를 기다리던 홍범도가 "사격 개시!"라는 구령을 외쳤다. 흙벽 구멍마다 연기가 모락모락 피어올랐다.

일본군도 즉각 응사했으나 허깨비를 상대로 싸우는 격이었다. 멈칫멈칫 물러나며 포복 자세를 취하자 이번에는 바위 뒤편에서 총성이 터져 나왔다. 삽시간에 시체 여러 구가 언 땅바닥에 나뒹굴었다.

일본군은 지형이 자기 편에게 불리하다는 걸 뒤늦게 깨닫고 잠시 후퇴하여 작전을 재검토했다. 그런 다음, 무적 황군의 자존심을 되찾고자 무리하게 제2차, 제3차 돌격을 감행해 왔다. 그러나 번번이 실패하여 패퇴할 따름이었다.

홍범도 의병 부대에게 정규적인 전투에서 첫 승리를 안겨 준 후치령 전투는 오후 3시경에 막을 내렸다. 일본 군경은 많은 사상자를 내고는 다음을 기약하며 하산해 버렸다.

이 날, 한 일본 경시관은 경무 국장에게 보낸 보고서 끄트머리에 이런 글을 덧붙였다.

'폭도(의병대를 이렇게 칭했음)의 종적은 불명하며, 지금까지 단 한 명도 체포하지 못했음을 유감으로 여기는 바임. 계속 수사할 것임.'

하지만 이 전투에서 의병의 전사자도 적지 않았다. 총지휘자 임창근이 분투 끝에 숨졌으며, 그 밖에도 포수 부대에서 생사고락을 같이

했던 여러 전우들도 쓰러졌다. 다만, 일본군이 버리고 간 소총과 탄환을 거둔 것이 그나마 위안이 되었다.
 후치령 전투 때부터 홍범도의 아들 양순이도 18세의 어린 나이였으나 의병으로 출전했다.
 한편, 이번 접전에서 크게 패한 일본군은 병력을 증강하여 의병의 잠복지를 샅샅이 수색하며 집을 불태웠다. 고갯마루의 주막집을 의병

들의 은둔처 1호로, 신점리의 독립 가옥을 3호로 불렀는데 이 집들도 잿더미로 바뀌어 버렸다.

안평과 안산은 갑산·혜산 방면으로 화물을 운반하는 말과 수레, 각 곳의 행상들의 왕래가 빈번하였던지라 전투에 대한 소문이 빠르게 번져 나갔다. 이에 뜻있는 젊은이들이 용기를 얻어 포수와 광부들로 구성된 의병 부대에 가담해 오는 숫자가 늘어났다.

홍범도는 의병이 휴식을 취할 수 있게끔 병력을 더 깊은 산속으로 이동시켰다. 부대원이 늘어났으므로 이제는 정규 군대처럼 지휘 계통과 각 부서를 담당하는 책임자를 둘 필요성이 있었다.

먼저 의병대를 총지휘하는 우두머리를 의병장이라 부르기로 하고, 그 의병장에 홍범도가 만장일치로 추대되었다. 의병장 밑에 부의병장을 여러 명 두어 '부총관'이라 칭했다. 의병장과 부총관 아래로 도검사, 군량도감, 군중기찰의 부서를 두었다.

도검사는 의병대의 조직 규율을 감독하며, 일진회 회원 같은 민족 반역자를 처단하는 직무를 맡았다. 군량도감은 식량을 마련하고 비축하며, 피복·신발 등을 조달하는 직분을 전담했다. 군중기찰은 의병을 모집하고, 총기와 탄환을 확보·관리하는 부서였다.

그리고 지휘부 밑에 중대, 소대, 분대로 군대와 같은 편성을 갖추도록 했다.

1개 분대는 25명의 의병으로 구성하여 분대장을 '하사'로 하고, 2개 분대로 한 소대를 이루게 하여 소대장을 '50장'으로 했으며, 2개 내지

3개 소대를 묶어 중대로 삼고는 중대장을 '참위'라 불렀다.

한때 서로 손잡고 싸웠던 차도선은 후치령 전투 후, 일본군의 수색대가 포위망을 좁혀 오자 안절부절못했다. 산간에는 눈이 쌓여 겨울을 날 일이 여간 걱정이 아니었다. 산길에 익숙한 의병들이었으나 눈 위에 발자국이 남게 마련이어서 부대 이동을 감추기가 어려워졌다.

차도선이 홍범도 의병장에게 물었다.

"홍 동지, 한 곳에 많은 병력이 모여 있는 건 아무래도 불리하지 않겠소?"

"무슨 좋은 계책이 있단 말이오?"

"내가 함남 갑산 출신이라 그 일대를 잘 압니다. 그쪽으로 근거지를 옮긴다면 식량 문제는 쉬 해결될 성싶소. 해동을 하고서 다시 합류합시다."

"뜻이 정히 그러하다면 떠나도록 하오. 동지의 무운을 빌겠소."

후치령 전투에서 생사고락을 같이했던 두 의병장은 굳세게 끌어안았다. 함께 있었던 시간이 긴 것은 아니었으나 나라를 구하겠다는 일념으로 뭉쳤던 동지애는 얼마나 뜨거웠던가.

차도선이 떠나고 단독으로 의병대를 통솔하게 된 홍범도는 이때부터 동에 번쩍, 서에 번쩍 하는 기동성으로 일본군을 괴롭혔다.

1907년 12월 15일에는 북청에서 갑산으로 넘어가는 장항리에서 일본군의 화물과 우편물을 호송해 가던 병력에 기습을 가해 여러 물건을 노획했다.

그러자 일본군은 아오토 대위가 이끄는 병력을 장항리로 보내고, 며칠 뒤에 홍범도의 이동을 탐지하고는 기미츠키 소위가 인솔하는 기병대를 삼수군 중평장으로 급파시켰으나 번번이 사상자만 내고 말았다.

홍범도는 동물적인 감각을 지닌 천부적인 게릴라 지도자였다. 신출귀몰하는 전략에는 일본군들도 혀를 내두를 지경이었다. 의병이 숨어 있다는 첩보를 듣고 출동해 보면 언제나 뒤통수에서 나타나 사격을 해 대고는 감쪽같이 사라져 버렸다.

홍범도를 일개 포수 집단의 비적쯤으로 치부했던 일본군은 이들이 규모를 갖춘 의병대로 성장했음을 알고는 바짝 긴장하지 않을 수 없었다. 얕잡아 봤다간 큰코다치려니 싶었던 것이다.

4. 의병장, 날으는 홍범도

갑오경장 이듬해부터 근세 조선은 단발령을 내려 남자들의 머리를 깎게 하여 상투의 풍속을 폐한 바 있었다. 이때 '머리카락은 부모님이 물려준 신체의 일부'라 하여 많은 유생들이 들고 일어나 나라 안이 매우 시끄러웠다. 그러나 의병 가운데는 여전히 상투를 틀어 올린 사람이 적지 않았다.

홍범도도 이 무렵까진 상투를 하고 있었다. 그러다가 만주로 연해주 땅으로 들락거리게 되면서부터 상투를 잘랐다. 의복도 한복에서 군복으로 달라졌고, 허리에는 권총을 휴대하고 일본군으로부터 빼앗은 군도를 찼다.

턱수염은 깎기도 했으나 코밑의 여덟 팔(八) 자 수염은 이때부터 평생 기르고 지냈다. 젊은 날의 그의 얼굴은 쌍꺼풀이 진 눈매에다 콧날이 오뚝하여 어딘지 귀티가 났다. 체구는 장대하고 힘은 장사였다.

그럼에도 말씨는 낮고 부드러웠다. 산속에서 거친 생활을 하다 보면 말소리가 탁할 법한데도 그렇지 않아 의병들은 홍범도 의병장이 퍽 자상하고 인정스럽다는 느낌을 받았다.

그 해가 다 가기 전에 일본군에서는 함경도 각 처의 의병대들의 세력을 약화시키기 위해 대대적인 토벌 계획을 세웠다. 이런 움직임을 의병들이 모를 리가 없었다.

그때 함경도 지방에서 독립적으로 작전 수행을 하고 있던 의병대는 대개 4개 부대로 분할되어 있었다. 송상봉이 지휘하는 의병대는 장진 지방에 진을 쳤고, 전주익 의병대는 단천 지방에, 홍사영이 거느린 의병대는 홍원 지방, 그리고 홍범도의 단독 부대는 차도선 부대와 서로 긴밀한 관계를 유지하며 삼수, 갑산 지방에 은거해 있었다.

그 일대 마을에는, 홍범도-차도선 의병장 휘하의 군중기찰 명의로 의병을 모집한다는 방이 곳곳에 붙었다. 격문의 내용인즉 이러했다.

함흥 상하의 원산·문천·영원·희천·고원·맹산의 각 사에 고하노라.

알리노니 무릇 의병이란 것은 자고로 있어 왔던 법이다. 이제 북청에서부터 삼수·갑산·이원·단청·흥원·길주까지의 7읍은 의병 진영을 이루었는데, 유독 함흥 각 사의 포수들이 아직도 오지 않았은즉 이것은 무슨 연유이냐? (포수들은) 며칠 내로 속히 모여서 각 사와 리의 존위와 도감은 대진(홍범도-차도선 의병 부대를 말함) 가운데로 참가하라. 만약 그렇게 하지 않으면 각 사와 리의 유력자와 포수 등은 장차 포살당하는 지경에 이르리라. 그래서 이 글로써 양해를 구하는 것이다. 혹시 각 사와 리의 각처에 이 글이 도달하지

않아서 알지 못하는 폐해가 있을까 염려하여 이를 알리는 것이다.

이런 격문에 호응하여 포수들은 대거 의병대에 편입하여 진용을 확대할 수가 있었다.

뛰어난 명사수들은 8연방 총이나 후문총을 소지하게 했고, 여타의 의병들은 화승총이나 패창(꺾음대라고도 함)을 휴대케 했다. 그런데 문제는 탄환의 확보가 어렵다는 점이었다.

홍범도는 궁리 끝에 부대 자체 내에서 대포와 총탄을 제작하기로 작정했다. 갑산 고진동에는 광산이 있어 거기서 구리를 조달하는 한편, 민간에서 고철과 화약 재료를 모아 와서 만드는 일에 착수했다.

대포는 진흙과 모래를 섞어 먼저 모형을 만들고는 녹인 구리 물을 부어 포신을 완성시켰다. 포신 뒤쪽에 뚫은 구멍에 화승을 달고 불을 붙이게 고안했다. 포신 안에 재워 넣은 화약은 화승이 타면서 폭발을 하게 되고, 그 폭발하는 힘으로 장탄한 포탄이 발사되는 것이다.

그러므로 1908년 새해가 밝을 무렵에는 홍범도의 의병대가 대포까지 갖춘 막강한 부대가 되었음을 능히 짐작해 볼 수가 있다.

게다가 세력이 커지자 일부 뜻있는 마을 유지들이 군자금으로 돈을 내는 경우가 적지 않았다. 진재장이라 이름하는 데서 140냥, 원동 150냥, 신원동 200냥, 후동 100냥, 홍남사란 단체에서 98냥 등을 갹출하여 보내 왔다.

고철을 모으고 화약을 수집한다는 소문이 일본 경찰 정보원의 귀에 들어가지 않을 리가 만무했다. 그 해 1월 9일에 마침내 일본 군대가 대대적인 토벌에 나섰다.

이 또한 의병대의 탐문꾼이 탐지해 내어 곧 홍범도에게 보고했다. 홍 의병장은 부대원을 소집하고는 비장한 일장 훈시를 했다.

"의병 제군 여러분!

지금 일본 군경이 우리 의병대를 일망타진하겠다고 진격해 오고 있다 하오. 이제 큰 전투가 목전에 이른 것이오. 죽기를 작정하고 싸우면 살 길이 열립니다. 두려워서 몸을 사리고 꼬리를 내린다면 죽음보다 못한 불명예를 얻게 될 뿐이오.

저들은 우리의 주력 부대가 삼수에 진을 치고 있다고 생각하여 숨통을 죄어 올 게오. 나는 이번에 유인 전술을 써서 저들을 곤경에 빠뜨릴 계책을 세워 놓았소. 추호의 의심함이 없이 나의 지휘를 따르도록 하시오. 여러분에게 무운 있기를!"

비록 낮은 음성이었으나 말 속에는 서릿발 같은 기상이 넘쳤다. 의병들은 의병장의 자신감 넘치는 음성에 용기백배했다.

홍 의병장은 적들이 눈치 채지 않게 삼수성에서 병력을 철수시켜 일부는 중평장에 매복시켰다. 삼수성으로 향하자면 일본군이 중평장을 지나야 했다. 갑자기 총성이 터졌다. 우세한 화력을 갖춘 일본 군경이 일제히 응사해 왔다.

중평장에 매복해 있던 의병장들이 마치 세에 눌려 후퇴하는 것처럼 가장하고는 삼수성 쪽으로 종적을 감추었다. 그런데 실제로는 옆길로 빠져 본대와 합류했다.

　일본 군경 토벌군은 그런 줄도 모르고 삼수성을 포위하고는 조심스럽게 진격해 왔다. 가까이 접근한 이들은 맹렬하게 화기를 쏟아 부었다. 그런데 웬일인가? 아무런 반응이 없지 않은가. 총돌격 명령이 떨어져 진지를 점령하고 보니 개미 새끼 한 마리도 볼 수가 없었다.

　속았구나! 아뿔싸 하며 대오를 재정비했을 때에는 너무 늦었다.

　그 시간에 홍범도 의병대는 야음을 틈타 행군을 계속하여 일본 군경의 근거지인 갑산읍을 불시에 공략했다.

　날이 희부여니 밝을 무렵에 들이닥친 의병들은 일본인이 거주하는 여관과 우편 취급소를 난도질했다. 그네들이 청사로 쓰던 건물을 공격하여 불태웠다. 읍을 지키던 일본 군경은 혼비백산을 하고는 제 목숨 하나 부지하기에 급급했다. 겨우 12명이 읍을 빠져나갈 수 있었다.

　삼수로 토벌군을 이끌고 나갔던 미츠키 소좌 휘하의 병력이 갑산읍으로 되돌아왔을 땐 이미 거리에 시체가 즐비했다. 홍범도 의병대가 아홉 시간 동안이나 격전을 벌이고 유유히 빠져나간 걸 보고는 가슴을 치며 분통을 터뜨렸다.

　그 시간에 의병대는 이리사 지방으로 이동해 갔다. 그 후로 200여 명에 달하는 부대는 갑산읍에서 북쪽으로 2리 반 거리에 있는 지읍사 세골에 진을 쳤다. 이곳이 전투를 벌이기에 안성맞춤이라 여긴 것이다.

　과연 2월 21일에 갑산 수비대 휘하의 이리에 소위가 거느린 일본 군대가 세골을 공격해 왔다. 쌍방간에 총성이 터져 고을에 화약 연기가 자욱했다. 공격에 실패하고 병력을 철수시킨 다음에 마츠시다 경시는 상부에 보낸 보고문에 이런 글을 쓸 수밖에 없었다.

적(의병을 말함)은 가옥 및 견고한 지물을 이용하여 아군에게 사격을 했다. 아군은 쌓인 눈이 2, 3자나 되고, 특히 40~50도의 경사진 산비탈을 간신히 전진해 갔으나 오전 11시경 휴대한 탄약이 부족하여 적을 격퇴시키지 못하고 돌아온 것은 실로 유감으로 여기는 바임.

전투는 그 뒤로도 계속 이어졌다.
홍범도 의병대는 세골 전투를 승리로 이끈 기세를 살려 그 달 23일에는 단천읍에서 북쪽으로 7리 떨어진 하농리에서 일본군 31명을 섬멸시켰다. 24일 상농리와 그 밖에 교벌리, 고거리 전투에서도 승승장구하며 일본군에게 막대한 타격을 안겨 주었다.

의병대는 때로는 200명, 큰 전투에선 500명까지 출전하는 위력을 보였다. 이로써 함경도 북청, 갑산, 혜산, 단천 지방에 깔려 있던 일본 수비대는 홍 의병장을 '날으는 홍범도'라 부르며 두려워했다.

의병 항쟁은 함경도에서만 떨쳐 일어난 게 아니었다. 영남 지방에서는 신돌석이 의병장이 되어 일본 군대에 치명타를 날렸으며, 호남 지방에서는 문태수 휘하의 의병대가 활동을 했다. 그 밖에 중부권과 관동·관서 지방, 해서 지방에도 수 갈래의 의병대가 포진해서 일본 군경을 괴롭혔다.

1908년 전반기에는 전국에서 산발적으로 벌어지던 항일 투쟁의 효과를 극대화시키기 위해 전국 연합 의병 부대의 창설을 도모하게 되었다. 이를 두고 '13도 창의 대진소'라 칭하며 과감하게 서울로 진격할 것을 결의하였으니 의병 봉기가 일대 전환점을 맞게 되었다.

그 해 1월에서 5월까지 두 차례에 걸쳐 서울 진공 작전을 수행했는데, 이때 참여한 의병장의 이름은 다음과 같았다.

관동 창의대장 민긍호
영남 창의대장 박정빈
관서 창의대장 방인관
호서 창의대장 이강년
해서 창의대장 권중희
관북 창의대장 정봉준

이 명단에서 신돌석과 문태준이 빠져 있는 것은 일본군과 전투를 벌이느라 연합 의병 부대에 가담할 시간이 없었던 탓이다. 또 홍 의병장이 활약했던 관북 지방의 창의대장에 정봉준이 추대된 것은 일찍부터 의병 활동에 진력하여 중앙의 이인영 총대장, 허위 군사장 등 연합의 중심 인물과 통하고 있었던 까닭이다.

함경남도 북청 일대에서 혁혁한 전공을 세우던 홍범도-차도선은 실전에 능한 의병장일 뿐, 그때까지는 전국적인 의병 지도자로서의 명성은 얻지 못했던 것 같다.

이처럼 의병의 불길이 도처에 번져 나가자 일본 당국에서도 생각을 바꿔 감언이설로 꾀어 의병 대열을 허물어뜨리고자 했다. 이른바 진무책이었다.

그 내용인즉 이러했다.

처음엔 '귀화자의 취체 방법' 6개항을 발표하여 의병의 귀순을 권하는 내용이었다. 그런데 귀순표를 건네주는 게 일본 경찰과 헌병에게만 국한시켰기 때문에 의병 이탈자가 거의 없었다.

두 번째는, 보다 귀순의 편의를 보장한다는 뜻으로 내부대신이 '면죄 증서'로 명칭을 바꾸고, 발급 권한도 넓혀 선유위원과 각 부윤, 군수도 취급할 수 있게 해 주었다.

그와 동시에, '의병은 귀순하여 해산하라'는 순종 황제의 칙명을 내세우며 선유사들이 각 도로 파견되었다. 이는 말할 나위도 없이 일제의 강압에 의해 이루어진 조치였다.

이 무렵, 홍범도 의병장과 차도선 의병장은 수시로 연락을 하며 곳곳에서 크고 작은 전투를 이어 나갔다. 마을을 급습하여 일진회에 가입한 친일파 무리들을 처단한 사례는 헤아릴 수 없이 많았다.

혹독한 겨울을 지내면서 산간 생활의 고통은 말이 아니었다. 대개의 의병들이 헐렁한 고의 적삼 차림이었다. 쌀이 떨어져 멧돼지며 산짐승을 잡아 굶주린 배를 채웠다.

살을 에이는 듯한 날씨였지만 화톳불조차 마음놓고 피울 수 없는 처지였다. 전투에서는 소기의 성과를 거두고 있었지만 추위와 굶주림으로 인하여 의병의 사기가 떨어지지 않을 수 없었다.

그런 형편에 선무사가 귀가 솔깃한 유화책을 퍼뜨렸으므로 차도선, 태양욱 같은 역전의 의병장도 마음이 흔들렸다. 2월 어느 날 차도선 의병장이 전령을 보내서 일본과 협상해 보겠다는 뜻을 홍범도 의병장에게 알려 왔다.

"차 동지의 뜻이 정히 그러하단 말이냐?"

홍 의병장의 음성이 노기를 띠었다. 여덟 팔(八) 자 수염이 부들부들 떨리는 듯했다.

"집으로 돌아가고자 하는 장정이 적지 않습니다. 귀순증을 받고 무기를 반납하면 본래의 직업에 종사토록 하겠다니 동요가 심합니다. 의병장 어른도 다른 도리가 없다고 판단하는가 봅니다."

전령의 대답이었다.

"아닐세. 차 동지는 저들의 덫에 걸린 셈이야. 아, 하늘도 무심하구나! 나라를 구하는 길에 피를 뿌리겠다고 맹약을 했거늘……."

깊은 탄식이 저절로 터져 나왔다.

하지만 한번 기울기 시작한 물동이는 바로 설 수가 없는 법이다. 그때, 구신풍리에 은거해 있던 차도선은 동료 의병장 양혁진과 함께 의병 250명을 이끌고 신풍리로 가서 일본군 측과 협상을 가졌다.

의병 측에서는 차도선·양혁진 의병장 외에 고운학 중대장, 이성택 서기 등 4명이, 저쪽에서는 갑산 군수와 조선인 관리, 일본군 분견대장, 군의관 등이 통역을 대동하고 마주 앉았다.

그 자리에서 일본군 측은 귀순 의병의 명단 제출 및 귀순증 교부 후 1개월 내에 무기를 약속한 민가에 전부 맡길 것을 요구해서 협상이 이루어졌다. 차도선은 이에 그치지 않고 홍범도와 태양욱 의병 부대도 귀순을 권유하겠다고 약속했다.

실제로 3월 17일에는 차도선이 태양욱을 충동질하여 일본군에 귀순케 했다. 의병 명단 537명을 제출했으나 동원해 간 병력은 200여 명이었다.

그런데 문제가 발생했다. 그 동안 협상 과정에선 달콤한 말로 다독거리던 일본군 측 책임자 무라야마 중위가 딴소리를 해 댄 탓이다. 명부에 적힌 사람에겐 우선 '가면죄증'을 발급해 주었다가 무기를 바친 경우에 한해서 '귀순증'을 주겠다는 것이었다.

거기에 한 술 더 떠서, 귀순 후에도 여전히 무기를 소지한 자는 폭도로 처벌하겠다고 으름장을 놓았다.

이에 태양욱은 분노했다. 지금까지의 약속과는 다르다며 반발했다. 무라야마 중위는 양의 탈을 벗고 늑대의 본성을 드러냈다. 무장이 해제된 상태인 태양욱 의병장을 말뚝에 묶어 놓고 총살한 것이다.

이 대목은 일본군 제13사단 참모부에서 조선 내부대신 앞으로 보낸 통보에 잘 나타나 있다.

…… 그들은 귀순의 성의가 있는 것이 아니고 오직 일본 군대와 서로 화목하는 것으로 알고 무기를 쉽게 납부할 의도가 없는 듯하다. 오히려 일진회원을 참살, 혹은 금전·양식을 약탈할 생각이었으므로, 그 날 차도선 및 태양욱에게 잘 타일러 무기를 압수하기로 했다. 이때 태양욱은 저항하므로 참살하고, 차도선은 그를 이용하여 그의 동료 홍범도 등에게 귀순을 권고시킬 목적으로 당분간 신풍리에 억류키로 하였다.

이 날, 차도선·태양욱이 거느린 의병들이 일본군에 무기를 내놓음으로써 그렇잖아도 열악한 의병 화력에 큰 손실을 입었다. 화승총 136정, 30식 총 3정, 단발총 9정, 10연발총 2정, 도합 150자루였다.

뿐만 아니라, 귀순증을 손에 넣은 의병 숫자는 더욱 많아 의병 항쟁에 찬물을 끼얹은 꼴이었다. 각급 지휘자 17명, 북청군 거주자 124명, 단천 거주자 170명, 삼수 거주자 111명, 이원 거주자 39명, 무산 거주자 9명 등 도합 688명이었다.

홍범도 의병장은 이런 국면을 맞자 깊은 절망감에 사로잡혔다. 외로운 의병 대열에서 차도선 같은 의병장을 만났던 걸 다행으로 생각해 왔었다. 사실 큰 힘이 되어 주기도 했다.

그런데 앞으로는 함경남도 일대에서 혼자 고군분투하지 않으면 안 되는 입장이 되었다. 해동기를 맞고 있으나 워낙 고생을 한 뒤끝이라 의병의 전의도 현저히 약화되어 있었다.

'그렇다고 한 발 물러서거나 꺾일 내가 아니지.'

홍 의병장은 이런 생각을 하며 어금니를 깨물었다.

5. 왜적 군대가 막 쓰러진다

　은거지에서 의병들을 쉬게 하던 홍 의병장에게 일본 군대의 동태가 속속 보고되었다. 차도선이 자신을 끌어낼 미끼로 구금당해 있다는 사실도 알게 되었다.

　저토록 회유책을 강구할진대, 틀림없이 자기 아내와 여타 의병 가족들도 불원간 잡아들여 또 다른 협박 수단으로 삼을 게 뻔했다. 그래서 한밤중에 큰아들 양순이를 집으로 보내 피신토록 조치를 취했다.

　그런데 공교롭게도 그 날 친일파 임재덕이 거느린 제3순사대가 집을 덮쳐 이 씨를 포박했고, 마침 집 앞에 이른 양순이도 체포했다. 두 모자는 장평리 유치장에 갇힌 몸이 되었다.

　임재덕은 그때 북청의 일진회 회장도 겸하고 있던 자였다. 부회장은 원래 갑산 진위대의 참령이었던 김원홍이었는데, 둘은 어떻게든 일본군의 골칫거리인 홍범도 의병장을 귀순시키는 공을 세우려고 애를 썼다.

　그러던 중에 홍 의병장의 아내 이 씨가 글을 읽고 쓸 줄 안다는 데 생각이 미쳤다. 그들은 이 씨를 구슬려, 만일 홍범도 의병장이 산에서 내려온다면 천황 폐하가 백작 벼슬을 내릴 것이라는 내용의 편지를 쓰도록 강요했다.

이 씨가 명령에 따르지 않고 오히려 빈정거리는 대꾸를 하자 임재덕은 약이 바짝 올랐다. 임재덕은 이 씨가 초주검이 되도록 모진 형벌을 가했다. 홍 의병장의 아내 이 씨는 유치장에서 갖은 고문을 당하다가 끝내 숨을 거두고 말았다.

그러자 임재덕은 이 씨의 글씨체를 흉내 내어 가짜 귀순 권유서를 썼다. 그리고 일진회 회원을 시켜 산으로 올려 보냈다. 홍범도 의병장이 이를 간파하지 못할 리 없었다. 일신의 영달을 위해 간에 붙고 쓸개에 붙는 자라 하여 전달꾼을 처형시켰다.

수차례 보낸 전령이 모두 돌아오지 않자 김원홍이 계교를 꾸민답시고 홍 의병장의 아들 양순이를 올려 보냈다. 아들이라면 돌아오든 말든 편지는 전해지겠거니 해서였다.

홍범도 의병장은 아들 양순이가 품에서 꺼낸 편지를 보고 불같이 격노했다.

"이놈아! 어찌 이 따위 짓을 한단 말이냐? 전에는 내 자식이었지만 나를 해치는 일에 나섰으니 너부터 쏘아 죽여야겠다."

주위에서 말릴 틈도 없이 권총을 꺼내 들고 발사했다. 마침 옆에 있던 부관이 손을 내젓는 바람에 총알은 양순이의 귓볼을 찢으며 스쳐갔다. 대의 앞에선 혈육도 저버릴 만큼 불타는 애국 충정을 엿보게 하는 장면이었다.

'오냐, 네 놈들이 그렇듯 거짓부렁을 늘어놓는다면 내게도 생각이 있지. 되로 받은 걸 말로 갚으리라.'

홍 의병장은 귀순할 뜻이 있다는 내용의 편지를 쓰게 했다. 담대하게도 그 자신이 이 편지를 소지하고는 남루한 차림새로 바꿔 입었다.

부하 의병을 불러서 날쌘 의병을 모아 아무 날, 아무 때에 흙다리목 근처에 매복해 있다가 전후 가리지 않고 공격할 것을 지시했다.

홍 의병장은 자신이 홍범도 의병장이 보낸 전령이라고 속이며 김원홍을 찾아가 편지를 보여 주었다. 김원홍은 깜빡 속아서, 그렇다면 후일을 보장해 주겠다는 약조를 적은 편지를 써서 건네주었다.

홍범도 의병장은 약속한 시간에 의병 부대를 거느리고 천천히 흙다리목으로 접근해 내려왔다. 일본군 대위가 인솔한 육군과 임재덕·김원홍이 거느린 순사대는 이들이 무장을 하지 않은 걸 확인하고는 안심하고 마주 올라왔다.

그때 사방에서 총성이 콩 볶듯이 터져 나왔다. 느슨하게 다가오던 홍 의병장 대오도 어느새 전투 대형을 취하며 공격에 가담했다.

귀순군을 받아들일 양으로 한껏 긴장이 풀려 있던 군경은 독 안에 든 쥐 꼴이 되어 우왕좌왕하다가 모두 포로로 잡히고 말았다. 주요 직책에 있던 자들은 모두 총살형에 처해졌다.

특히 김원홍을 꾸짖는 홍 의병장의 언성에는 서릿발이 쳤다.

"네 놈이 수년간 진위대 참령으로 국록을 받아 먹은 몸이거늘, 나라가 망하여 힘이 없으면 차라리 감자 농사나 지으며 지내야 마땅하지 않느냐? 그런데도 역적 무리에 가담했으니 백 번 죽어도 죄 값을 다하지 못하리라."

홍 의병장의 아내를 해쳤던 자들은 천벌을 받았고, 거짓으로 계교를 꾸몄던 그들은 결국 거짓 함정에 빠져 참살을 당하고 말았다.

1908년 봄을 지나면서 의병장 홍범도의 이름은 함경도 곳곳에 드높아져 갔다. 각 처에서 단독 의병 활동을 하던 부대장들도 홍 의병장을 보기가 소원이었고, 특히 그의 지휘를 받는 걸 영광으로 여기게끔 되었다.

홍범도 의병장도 이런 움직임을 알고는 함경도 지방의 모든 의병을 규합하여 연합 지휘부를 구성해야겠다는 결심을 했다. 이제는 그의 명령에 따를 만큼 분위기가 성숙했다는 판단이 섰다.

과연 그의 창의(국난을 당하여 의병을 일으킴)에 호응하여 각지의 의병장들이 연화산 병풍바위골로 모여들었다. 의병은 도합 1,864명을 헤아리게 되어 부대를 재편성했다. 11개 중대와 33개 소대로 나누어 각 지휘자를 새로이 임명했다.

일본 당국에서도 이런 동태를 모를 리 없어 곧 하세가와 중좌가 이끄는 토벌군이 나섰다. 대전투가 임박한 시기였다.

첫 전투는 5월 20일, 통패장골 쇠점거리에서 벌어졌다. 연합 의병대는 이 전투를 승리로 이끌어, 일본군 장교 8명, 병졸 30명을 죽이고 많은 전리품을 노획했다.

5월 28일에는 갑산군 쾌탁리 구령에서 일본군을 섬멸했다.

이때부터 연일 쫓고 쫓기면서, 유인과 매복으로 접전하는 날들이 계속되었다. 홍범도 의병장의 뛰어난 전략가로서의 자질이 돋보이던 시기였다.

그 무렵에, 갑산 수비대 유치장에 구금되어 있던 차도선이 탈출에 성공하여 황수원의 홍범도 의병대로 찾아온 사건이 발생했다.

차도선은 자신이 그릇된 판단을 했노라고 깊이 뉘우치며 의병 대열에 받아들여 달라고 호소했다. 홍 의병장으로서는 이러지도 저러지도 못 할 곤경에 처했다.

의병 규율을 생각하면 엄히 문책해야 마땅했다. 하지만 전날에 힘을 합쳐 싸운 공을 무시할 수 없었다. 차도선은 이후로도 의병에 필요한 인재임에는 틀림없지 않은가? 그를 살려 중히 쓰는 게 대국적 견지에서 이롭다면 지나간 잘못에 연연해선 안 된다.

이렇게 결론을 내린 홍 의병장은 고개를 들지 못하는 차도선의 손을 붙잡아 일으켜 주었다.

"옛말에 싸움터에 임하는 장병에게 실수는 없지 않다 했소. 차 동지가 용맹으로써 의병에게 모범을 보여 준다면 허물은 저절로 덮어질 것이오. 자, 함께 구국의 대열에 나아갑시다."

홍범도 의병장의 넓은 도량을 능히 짐작할 수 있는 대목이다.

전투는 연일 계속되었다.

6월 4일에는 상남사 전투.

6월 7일은 선전동 전투.

6월 10일 정평바배기 전투.

거듭되는 전투에서 일본군은 번번이 실패의 쓴맛을 보았지만 의병 쪽에서도 사상자가 늘어났다.

6월 16일, 정평바배기에서 재접전이 벌어졌을 때 여섯 명의 의병이 목숨을 잃었는데 그 중에는 홍 의병장의 장남 양순도 포함되어 있었다. 장남을 잃었으니 홍 의병장은 얼마나 비통한 심정이었으랴.

홍범도 의병장은 그 날 일지에 이런 짤막한 문구를 써 놓았다.

6월 16일 12시에 내 아들 양순이 죽었다.

그의 개인적인 시련은 끝이 보이지 않으나 그럴수록 그의 명성은 높아만 갔다. 함경도 지방민의 입에서 입으로 다음과 같은 노래가 널리 퍼져 나가고 있던 게 그걸 증명하고도 남음이 있다.

홍 대장 가는 길에는 일월이 명랑한데
왜적군 가는 길에는 눈비가 쏟아진다
엥헤야 엥헤야 엥헤야 엥헤야
왜적 군대가 막 쓰러진다.

오련발 탄환에는 군물이 돌고
화승대 구심에는 내굴이 돈다
엥헤야 엥헤야 엥헤야 엥헤야
왜적 군대가 막 쓰러진다.

이처럼 항일 전투에선 놀랄 만한 성과를 거두고 있었지만 휘하 의병들을 500명, 때로는 700명까지 거느려야 했으므로 많은 군자금이 필요했다. 무엇보다 식량과 총기, 탄환 확보는 의병을 유지하고 전투를 수행하는 데 필수 요건이었다.

이를 위해 함경도에서는 '일심계'라는 단체가 생겨 비밀리에 돈과 식량을 거두어 주기도 했다. 그런가 하면 일제를 속이고자 학교 원조금이란 명목으로 돈을 거두어 3개 면에서 1만 6백 원을 마련해 준 적도 있다.

당시에는 일제의 수탈이 더욱 심해져 백성들의 살림살이가 한층 어려워진 시기였다. 먹고살기도 어려운 민간의 도움만 기다리고 있을 수는 없는 노릇이었다.

홍범도 의병장은 스스로 군자금을 장만하기도 했으니, 그 중에 대표적인 사례가 다음 두 가지다.

그 하나는 돈이 많은 친일파 무리의 재물을 빼앗는 일이다.

홍원군 영동에는 박원성이란 부자가 살고 있었다. 그는 의병이 두려워 일본군 헌병 4명으로 하여금 집 주위를 지키게 할 만큼 위세가 높았다. 몇 명이 의병만을 이끌고 영동에 늘어선 홍 의병장은 의병을 마을 초입께에 숨어 있도록 하고 단신으로 역적 박원성의 집을 찾아갔다. 헌병이 가로막았으나 이웃 마을의 소작농이라고 둘러대고 집 안으로 들어갈 수 있었다.

홍 의병장이 방 안으로 성큼 들어서자, 거기에는 박원성 외에 홍원 군수와 함흥 고을의 좌수가 앉아 있다가 눈을 치떴다.

주인이 호통을 쳤다.

"웬 놈이냐? 이놈이 무엄하게도……."

순식간에 홍 의병장이 품속에서 권총을 빼어 들었다.

"산속을 큰 집 삼아 지내는 홍범도다. 내가 여길 찾아온 까닭을 모르진 않을 테지?"

"아이구, 홍 장군님. 무어든 말씀하십쇼."

박원성이 사시나무 떨 듯하며 사색이 된 얼굴로 말했다.

"가진 돈을 다 내놓아라. 그러면 목숨은 살려 주마. 한 치라도 어긋남이 있으면 이 방 안에 시체가 널브러질 게다. 알겠느냐?"

"네, 네."

홍범도의 이름을 신물 나게 들어온 박원성은 늠름하게 서 있는 위압적인 태도로 보아 이 사내가 바로 홍범도가 틀림없다고 판단하고 아내를 불러 곧장 돈을 내오게 했다. 무려 3만 원이라는 거금이었다.

홍 의병장은 돈 넣은 전대를 챙겨 역적을 앞세우고 유유히 집을 빠져나왔다. 마을 초입 싹근다리에 이르러 약속한 대로 박원성의 목숨을 살려 주고 돌려보냈다.

또한 홍범도는 그 해 7월에 장진에 위치한 일본 금광을 공격했다. 의병을 거느리고 가서 일거에 기습하여 일본군 수비대 6명을 격살시키고 금괴 2천 개 가까이를 탈취했다.

이로써 군자금은 넉넉히 확보가 된 셈이었다.

크고 작은 전투가 잇따르자 탄환이 동이 날 지경에 이르렀다. 화력이 우수한 일본군을 대적하기 위해선 화승총을 신식 보총으로 바꿀 필요도 있었다.

궁리 끝에 믿을 만한 부하 두 사람에게 돈을 주어 연해주로 가게 했다. 연해주는 러시아 땅으로, 두만강 건너 바다에 연해 있는 지방을 일컫는 말이다. 거기에는 한인 동포가 많이 살고 있었다. 19세기 중엽부터 흉년이 들어 살기가 막막해진 농민들이 두만강을 건너 살기 시작했는데, 이 무렵에는 일제를 피해 간 사람이나 독립 운동가가 다수 몰려들어 한인촌을 형성한 곳이 많았다.

러일 전쟁 후 러시아는 한반도를 일본에게 양보하고 말았지만 내심으론 일본 세력이 커지는 걸 두려워했다. 드러내 놓고 독립 운동을 지원할 수는 없어서 모르는 체하는 형편이었다. 때문에 연해주에서는 무기 구입이 그다지 어렵지 않았다.

그런데 어찌 된 영문인지 돈을 가지고 무기 구입차 떠난 두 부하가 눈이 빠지게 기다려도 돌아오지 않았다. 두어 달이 지나자 마냥 기다릴 수만은 없었다. 이번에는 만주로 사람을 보내 무기를 구입해 올 양으로 정일환, 임재춘 두 사람을 밀파했다. 하지만 이들도 돌아오지 않았으므로 진상을 알아 오라고 변해룡이라는 자를 파견했다.

변해룡은 돌아와서 거짓말을 해 댔다. 그러다 나중에 그 자가 홍원군에서 일본군에게 잡혀 공술문을 썼으므로 감추어진 진실이 뒷날 알려졌다. 만주에 간 두 밀파꾼은 탄환을 구하려 애쓰기보다 마약을 하고 도박을 하느라 돈을 다 날렸다는 것이다. 천벌을 받았음인지, 임재춘은 그 해 10월에 압록강 부근의 혜산진 여관에 숨어 있다가 일본 순사대에 체포되었다. 정일환은 그 뒤 종무소식이었다.

홍 의병장은 낙담했다. 탄환 조달이 막혀 버렸으니 무슨 수로 일본군과 싸울 수 있단 말인가. 그때 한 가지 기쁜 소식이 전해졌다. 홍 의병장이 함경남도를 거점으로 삼고 외롭게 의병 투쟁을 계속해 가던 때에 연해주의 한인촌에서도 의병이 조직되어 때를 기다리고 있다는 것이다. 특히 연해주 연추 일대에서 한인 의병을 1,500명이나 모은 이범윤 부대가 막강했다. 이들은 중국 훈춘에서 모병한 최병준 의병대와 합세하여 서울 진공을 계획하던 참이었다.

그 계획의 일환으로 연해주의 중심 도시 블라디보스토크(한인들은 이곳을 해삼위라 불렀다.)에서 활동하던 안중근, 엄인섭 의병장 휘하의 병력을 홍범도 의병대와 합류하도록 두만강을 건너게 했다.

안중근 의병장은 이듬해인 1909년 10월에 만주의 하얼빈에서 조선 침략의 원흉 이토 히로부미를 저격하여 숨지게 한 장본인이다. 한창 나이의 젊은 투사로 우리 땅을 다시 밟게 된 것이다.

홍 의병장으로선 연해주의 독립 의병대와 손을 잡게 된 것도 반가우려니와, 그들이 많은 신식 총과 탄약류를 가져올 것이어서 기대에 부풀었다.

안 의병장은 국경을 넘어와 경흥과 종성, 횡령 등지에서 일본군과 격돌했다. 세 차례의 전투에서 번번이 적에게 치명타를 가하며 선전했다. 그러나 한 번은 전투에서 일본 수비 대원과 장사하던 일본 민간인 10여 명을 생포한 바 있는데, 정규 대한독립군의 자부심을 지닌 젊은 의병장은 국제적 관례에 따라 포로를 석방시켰다.

이로 인해 의병대 안에서도 불평이 생겨 뜻을 달리하는 동지가 생겼는가 하면, 석방된 포로들이 주요한 정보를 수비대에 알려 주어 다

음 전투부터는 불리한 형국에 몰렸다. 하는 수 없어 안중근 부대는 후일을 기약하며 연해주 땅으로 물러가고 말았다.

그를 기다리던 홍 의병장의 실망이 얼마나 컸으랴.

게다가 그 해는 벌판의 불길처럼 활활 타올랐던 의병의 기세가 한풀 꺾이던 시기였다. 1908년 2월에 명성 높았던 민긍호 의병장이 전사했고, 6월에는 호남에서 세를 떨쳤던 김동신 의병장이, 이어서 임진강 유역에서 활약하던 전국 의병의 지도자였던 허위 의병장이 체포당했다. 또한 7월에는 충북 작성에서 이강년 의병장이 사로잡힌 몸이 되었고, 12월에는 가장 큰 손실이 경북 영덕에서 돌발했다. 평민 출신 의병장으로 영남 의병대의 상징이었던 신돌석 의병장이 장렬하게 순국한 것이다.

의병 항쟁 초기에는 명성과 재력이 뒤따랐던 명문가 태생이거나 학식이 뛰어난 유학자가 의병을 일으키고 의병장으로 추대되어 활약했었다. 이런 추세에서 영남의 신돌석과 함경도의 홍범도 의병장은 평민 출신이란 점에서 기이한 예에 속했다. 뿐만 아니라 이 두 사람 휘하의 의병대가 실전에 임해서는 가장 큰 공을 세우기도 했다.

사면초가(사면이 모두 적에게 포위되어 형세가 매우 어렵다는 뜻)란 이를 두고 하는 말이 아닌가?

홍 의병장은 고립무원 상태에 놓였다. 사기가 떨어진 의병들 가운데 몰래 산을 내려가는 숫자가 늘어났다.

그러자 의병 동지로 동고동락을 했던 원석택 의병장이 만나자고 하여, 9월 10일 홍원 초막동 부근에서 회담을 가졌다. 그 자리에서 원석택은 이런 말까지 했다.

"처음 의병을 일으킨 사람이 당신 아니오. 그런데 의병만 모았을 뿐, 지금에 이르러선 가련한 의병은 실익도 없이 많은 인명만 다치는 형편이지 않소. 이에 비해 일본군은 차츰 세력이 강해져 가는 판국이니, 앞으로 우리는 살아서 거처할 곳이 없고 죽어서 묻힐 데가 없는 형편이오. 차라리 이쯤에서 전 부대를 해산하여 개인의 생계를 꾀할 수밖에 없소."

"아니오. 여기서 우리가 꺾인다면 천추의 한이 될 것이오. 임진왜란 때에도 전 국토가 왜놈에게 짓밟힐 때 의병이 들고일어나 사직이 보전된 예를 잊어선 안 되오. 지금은 어렵지만 내게도 방도가 있소. 두 사람을 만주로 보내 탄약을 조달해 오기로 했소."

"뜻이 그러하다면 때를 더 기다려 봅시다."

그렇지만 앞에서 적어 놓은 대로 두 사람은 가져간 돈만 탕진하고 돌아오지 않았다. 참으로 막다른 골목에 처한 형국이었다.

6. 연해주와 옌볜을 오가며

    11월이 닥쳐 왔다. 전국의 의병 항쟁은 지리멸렬한 상태에 빠져들었다. 홍범도 의병대도 추운 겨울을 맞으면서 한층 의기소침해졌다. 게다가 탄환 비축분이 바닥나자 일본 군경과 맞닥뜨릴 경우 유리한 지형 조건임에도 불구하고 포수에게 쫓기는 토끼 신세를 면할 길이 없었다. 그러다 보니 의병 숫자는 현저히 줄어들었다.
    홍 의병장은 생각했다.
    '이런 형편으로 겨울을 날 수는 없다. 애꿎은 인명 피해만 늘 뿐이겠지. 집으로 돌아가겠다는 의병은 보내 주고, 심지가 굳은 부하로 하여금 산채를 지키게 하자. 나는 아무래도 연해주로 건너가 재기의 길을 찾아봐야겠다. 뜻이 있으면 길이 열리리라.'
    그는 40여 명의 믿음직한 의병만 이끌고 중국 땅 길림으로 넘어갔다. 눈보라 길을 헤치며 걷는 행군인지라 굶을 때가 많았다. 때로는 빌어먹어야 할 처지가 되기도 했다.
    길림에 도착했지만 뾰족한 수가 있을 리 없었다. 마침, 길림성청에서 통역 일을 보던 동포를 만나 수십 원의 원조금을 받았으므로 부하 의병을 이틀간 여인숙에 묵게 할 수가 있었다.

이렇게 해서는 러시아의 연해주까지 도저히 갈 수가 없었다. 그는 여기서 둘째 아들 용환과 두 명의 측근만을 남기고 나머지 의병은 조국 땅으로 돌아가게 했다.

사실상 함경남도 북청·갑산·홍원 지방을 주름잡던 홍범도 의병대의 해산을 의미하는 조처였다. 어찌 흘러 내리는 눈물을 감당할 수 있겠는가.

그 후 기차와 도보로 블라디보스토크까지 간 일행 4명의 어려운 처지는 이루 형언할 수 없었다.

원래 연해주의 남동쪽 지역은 중국 영토였다. 그러다가 러시아와 청국 간에 국토 분쟁이 일어나 1860년에 '중러 베이징 조약'이 강압적으로 체결되어 우수리 강 동쪽 약 40만 평방 킬로미터의 땅이 러시아에 편입되고 말았다. 국력이 약해지면 먼저 국토를 빼앗기는 게 역사의 교훈이다.

때문에 러시아 영토이지만 지명은 옛 중국인들이 부르는 한자 말이 더 많이 통용되었다. 게다가 이들 지역에 한인들이 들어가 살게 되면서 우리 식의 이름이 덧붙여져 여러 명칭이 혼용되기에 이르렀다.

예를 들면, 홍 의병장이 거쳐 간 러시아 변경 도시 우수리스크는 당시 중국 말로는 '소왕영'으로 불렸으며, 한인들은 원래 지명대로 '쌍성자'라고 습관적으로 칭했다.

또 연해주 제1의 도시 블라디보스토크는 러시아가 이 땅을 얻고서

'동쪽으로 나아가다' '동방으로 진출하다'라는 뜻을 지닌 도시 이름을 붙였으나, 한인들은 이곳을 '해삼위'라 불렀다.

1909년을 맞아서는 연해주의 독립 운동 기운도 맥이 빠진 상태였다. 우선 이 지역에서 세력을 쌓았던 이범윤과 최재형 간에 갈등이 싹텄다.

이범윤은 명망가로서 의병을 일으킨 실질적인 의병장이었다. 이에 비해 최재형은 재력을 갖춘 연해주 지방의 유지였다. 이범윤이 무장 투쟁을 계속하자고 주장한 반면에, 최재형은 그 길은 현실성이 없다고 반대했다. 뿐만 아니라, 최재형이 후원하여 발행하던 〈대동공보〉에 더 이상 군자금을 내지 말자고 부추기는 기사까지 실었다.

이런 국면에서 홍 의병장을 반겨 주는 사람은 이범윤뿐이었다. 하지만 그도 자신의 병사를 유지하는 데 안간힘을 쓰던 터라 힘이 되어 주지 못했다. 진퇴양난에 빠진 홍 의병장은 그래도 자신을 믿고 따르는 함경남도 몇 개 군민의 도움을 받고자 자기를 따르던 또 다른 부하 4명을 귀국시켰다.

그런데 이게 웬 날벼락인가. 그들은 국경을 넘자마자 일본 수비대에 잡히는 몸이 되었다. 그도 그럴 것이, 블라디보스토크에는 일본 밀정꾼, 앞잡이들이 숱하게 숨어들어 정탐 활동을 하고 있었다. 그 중에는 자기가 가장 애국자라고 흰소리를 늘어놓으며 각종 한인 단체에 자리를 차지한 자들도 있었다. 그러니 모든 비밀이 '낮 말은 새가 듣고, 밤 말은 쥐가 듣는' 격으로 새어 나갔다.

러시아 땅에 와서도 빈털터리일 수밖에 없는 홍 의병장은 이판사판인 심정으로 6월에 옛 활동 거점인 산채로 돌아왔다. 그의 움직임도 낱낱이 일본 경찰들에게 보고되었으나 게릴라전의 맹장인 그가 자신의 몸 하나를 숨기지 못할 리 없었다.

그가 돌아오자 북청·삼수·갑산의 포수들이 먼저 달려나와 쌍수를 들어 환영했지만 예전 같지가 않았다. 이젠 의병 대열이라고 할 수가 없을 만큼 초라한 산 사나이 꼴들이었다. 이런 기세로 어떻게 막강한 일본 군대와 맞서 싸울 수 있겠는가.

늘 홍범도 의병장을 격려해 주었으며, 그를 특별히 아껴 '여천'이라는 자(어른이 되면 이름 대신에 부르는 호칭)까지 지어 주었던 유인석 총의병장이 서신을 보내 왔다.

...... 우리의 홍여천이 5호(중국 촉나라 유비 막하의 범같이 용맹스런 다섯 장군, 즉 관우·장비·마초·황충·조운을 가리킴)의 하나이나 나머지 4호가 없으니 적을 가벼이 볼 수 없소. 지혜로 싸우는 건 가하나 힘으로 싸우는 건 불가합니다. 바라건대 우리 여천께서는 깊이 생각을 더하기 바랍니다.

구절 구절에 홍 의병장을 신뢰하고 칭찬하는 뜻과 함께 깊이 염려하는 총의병장의 충정이 담겨 있는 글이다.

유인석의 서신을 보고 생각을 바꾼 홍범도는 이듬해인 1910년 3월,

분연히 자리를 털고 일어섰다. 부하 가운데 신체가 건강하고 투지가 드센 부하만 가려 소수 정예 부대를 편성하고는 만주로 넘어갔다. 지린 성 장백현의 왕가구라는 마을에 근거지를 마련했다.

왕가구를 근거지로 삼은 기간을 가리켜 '둔전지 시절'이라 일컬을 수 있다. 둔전지란 말은, 병사들이 평시에는 논밭을 갈아 식량을 자급하다가 전시에는 전투에 임하는 땅을 뜻한다.

홍범도 부대는 낯선 만주에서 황무지를 개간하여 농사를 짓거나 사냥을 하여 난국을 아슬아슬하게 넘기고 있었다. 감자로 주식을 삼는 날이 많았고, 총포를 만들 돈을 마련하려고 땔나무를 시장에 팔거나 엿을 만들어 들고 나가 집집을 돌며 모금하기도 했다.

언제는 편한 날이 있었을까마는 이러한 처지는 여간 궁상맞은 게 아니었다. 하지만 당시에는 달리 길이 없었으니 어쩌랴. 어떻게든 연명을 하면서 때가 오기를 기다릴 수밖에 없던 세월이었다.

둔전지 생활이 너무나 답답했던 걸까? 그 해 6월에 홍 의병장은 연해주에서 기별이 오자 둔전 의병은 남겨 둔 채 몇 명의 부하만 데리고 우수리스크로 향했다.

국내의 독립 운동가들이 일제의 탄압과 감시를 피할 수 없게 되자 활동 무대를 차츰 일본 세력이 미치지 못하는 연해주 지역으로 옮겨갔다. 거기에서 함경도와 러시아 원동 지역 의병 조직을 총망라한 '13도 의병'이 창설되었다. 그 주요 인물은 다음과 같았다.

도 총 재   유인석
창의 총재   이범윤
도총소참모   우병렬(황해도 의병장)
도총소의원   홍범도
　　　　　　안창호
　　　　　　이 갑

그 밖에 헤이그 만국 평화 회의에 참석했던 이상설 같은 이는 외교 대원으로 임명되었다. 이 명단을 보면 실질적으로 의병을 이끌었던 각 의병 지휘부, 국내에서 '신민회'란 단체를 주도했던 지식인 독립 운동가, 국제 무대에서 활약했던 외교가까지 합세한 구국 대열이 본격적인 골격을 갖춘 셈이었다.

그런데 어찌 이런 일이 일어났단 말인가. 1910년 8월 말에 치욕적인 '한일 합방'이 조작된 것이다. 일본 제국주의는 8개항으로 된 '한일 합병 조약'을 순종 황제에게 강요하여 마침내 대한 제국 내각 총리 이완용과 주한 통감 데라우치 마사타케 간에 조인한 것으로 공표했다. 이로써 대한 제국은 종말을 고하고, 한반도는 일제의 일개 식민지로 예속되어 버렸다. 한민족 역사상 가장 가혹하고 수치스런 대목이 아닐 수 없다.

연해주의 중심 도시 블라디보스토크에도 이 청천벽력 같은 소식이 전해졌다. 한인 대표자들이 즉시 모여 국권 회복 운동을 벌일 것을 결

의했다. 그와 동시에 격분한 청년 다수가 결사대를 만들어 일본인 거류 지역을 습격했다. 이튿날에는 천 명에 가까운 한인들이 재차 몰려가 성토했다.

한인 대표자들은 합병 반대 성명서를 작성하여 각국 정부에 발송했는데, 성명서에 서명 날인한 인사는 무려 8,624명에 달했다. 연해주에 머물고 있던 홍범도 의병장도 서명했음은 물론이다.

그러자 막강한 국력을 자랑하던 일본이 러시아에 대하여 강력히 항의를 했다. 그들의 주장으로는 러시아 정부가 연해주 한인의 반일 항쟁을 묵인한다는 것과, 일인 거주민에 대한 테러를 사전에 예방하지 않았다는 것이다. 심지어는 '형사범의 상호 인도 협약'을 내세우며 주동자를 체포하여 인도하라고 윽박질렀다.

러시아도 국내 정세가 어수선하여 일본과의 마찰을 꺼렸다. 그 결과, 일본의 요구에 굴복하여 연해주 당국은 유인석·이범윤 등 독립운동 지도자들을 저 먼 시베리아 남쪽 도시 이르쿠츠크로 추방했다. 홍범도 의병장도 이 명단에 끼여 있었으나 한인 유지의 도움을 받아 인근 지방으로 피신했다.

이제 홍범도 의병장은 블라디보스토크에도 자유로이 왕래할 수 없는 입장이 되고 말았다. 하는 수 없어 한인 광산 노동자가 많이 일한다는 야쿠지아, 올레민스크 금광 등지를 찾아다니며 일용 노동자로 일하기도 했다. 광산 노동자들은 홍범도란 이름을 익히 듣고 있었기에 그를 감싸 주는 한편, 군자금을 거둬 의병 활동에 쓰도록 건네주었다.

이에 힘입어 1911년 3월, 수하 의병장인 박영신으로 하여금 30여 명의 의병을 거느리고 국내로 잠입하게 하는 데 성공했다. 박영신은 소수의 특공대를 거느리고 두만강을 건너가 함경북도 경원의 세천동 부근에서 일본 수비대를 공격하여 혼비백산케 했다.

일본 국경 수비대는 이를 큰 사건으로 받아들였다. 일찍이 함경도 지방에는 의병 세력이 몰락했다고 믿고 있던 참에, 또 연해주에서도 항일 본산지가 붕괴되었다고 방심하던 차에 일격을 받았던 탓이다.

한일 합방, 또 다른 말로는 '경술국치(경술년에 맞은 나라의 치욕)'를 당했어도 한민족의 정기가 살아 있음을 똑똑히 깨닫게 해 준 사례였다.

　이완용, 민영휘 등 나라를 팔아먹은 대신들은 일본 천황으로부터 백작이니 자작이니 하는 작위를 받아 호의호식한 반면에 많은 애국지사들은 죽음으로 항거하기도 했다. 스스로 목숨을 끊는 자결도 큰 뜻이 있겠지만 홍범도 의병장처럼 전투를 통해 일본에게 타격을 주는 것이 실질적인 애국일 것이다. 큰 산불도 아주 약한 잿불로 말미암는다는 걸 누가 모를 것인가.

　나라를 빼앗긴 1910년부터 제1차 세계 대전이 발발한 1914년까지 5년의 세월은 홍범도 의병장에게는 참으로 다사다난했던 시기였다.
　그는 이 기간 중에 연해주에서 주로 활동하는 한편, 만주를 드나들며 꾸준히 국내 무력 항쟁의 기회를 엿보기도 했다.
　연해주 지방을 떠돌던 이야기는 너무나 소설 같아서 믿기 어려울 정도다. 광산에 발을 들여놓았다는 사실은 앞에서 언급한 바 있거니와, 그 후에도 쿠르바르, 비얀코, 얀드리스크 광산 등지를 돌아다니며 손수 곡괭이를 들고 노동을 했는가 하면, 모금도 해서 돈을 저축했다. 이국 땅에 나와서 어렵게 생계를 꾸려 나가는 동포에게 번번이 손을 내밀 수 없어 홍 의병장은 부하들을 이끌고 부두에서 짐을 부리는 하역 일꾼이나 니콜라예프스크 어장을 찾아가 고기잡이 배에서 어부로 일해 돈을 모으기도 했다.
　뿐만 아니라 목돈을 만들기 위해 연해주 한인들이 '추풍 당어재골'

이라 부르는 곳으로 가서 담배와 약초를 길렀다. 경작지는 넓은데다 러시아 사람들은 농삿일이 서툴러서 장기간 일한다면 수지를 맞출 만했다.

이렇게 수년간 노력한 덕분에 러시아 화폐로 3,050루블(다른 기록에 의하면 4,500여 루블)을 모을 수 있었다. 그야말로 피땀 흘려 마련한 군자금이었다.

큰 뜻을 품은 의병장이 고작 노동자 품삯이나 농사 수확으로 활동 자금을 만드는 데 전념했다는 걸 의아하게 여길 수도 있을 것이다. 그러나 이름 없는 평민 출신의 항일 지도자가 자력으로 그걸 충당코자 했다는 점이 바로 홍범도 의병장의 특출한 면이라 하겠다.

그는 이 돈으로 '5연발' 총 한 자루에 탄환 백 개를 끼워 9루블씩에 구입했다. 의병을 무장시켜 국내로 침투하려 했으나 시기가 좋지 않아 뒤로 미루었다.

이 기간 동안 홍 의병장의 위치를 한껏 돋보이게 한 활동으로 '권업회' 결성에 관여한 일을 꼽을 수 있다.

산업을 장려한다는 뜻의 '권업회'는 진짜 목적을 위장하기 위해 붙인 명칭이다. 그 목적은 블라디보스토크 인근 한인들에게 독립 사상을 고취하는 교육 사업을 벌이는 것과, 동지의 붉은 피로써 국권 회복을 도모하자는 데 있었다.

초대 회장은 재력을 가진 최재형이 맡고 홍 의병장은 부회장으로 추대되었다. 그러나 권업회의 창립만으로 성이 찰 리 없었다.

권업회가 창립된 1911년 11월, 평소에 뜻을 같이하던 몇 명의 동지들이 회합을 가졌다.

홍 의병장이 무겁게 입을 열었다.

"나는 미적지근한 태도는 딱 질색인 사람이오. 권업회란 교육·산업을 권장하여 나라를 되찾겠다는 뜻인데, 어느 세월에요? 그래도 지금은 국권 회복의 열의가 뜨겁지만 차일피일하면 항쟁이고 독립운동이고 열기는 식게 마련이지요."

"그렇다면 홍 동지는 어떤 묘책이 있소?"

연장자인 최태가 물었다.

"시일을 요하는 교육보다도 우선 전투력을 드높일 수 있는 당장의 방책이 필요합니다. 군자금이 없으면 아무런 일도 할 수 없으니 어떻게든 돈을 만들어야 합니다. 그런 다음에 장교를 양성하기 위한 군관 학교를 설립해야지요. 사실 전투에 임해 보면, 중간 지휘자 역할을 할 수 있는 민첩한 장교 양성이 절실한 형편입니다."

그의 말을 듣고 있던 유상돈이 거들고 나섰다.

"그 말씀이 맞소. 권업회만 해도 실천보다는 왈가왈부하느라 소일했잖습니까? 또 '남도파'니 '서북파'니 해서 파당만 지으려 하니 언제 나라를 구한단 말입니까? 홍 동지의 말씀대로 광복 군관 학교를 먼저 설립하고, 우수한 총기로 훈련받게 하는 게 급선무일 듯싶습니다."

"거참, 듣고 보니 과연 그렇소. 광복 군관 학교라……. 소부대를 인솔하고 작전에 나설 군관을 다수 배출하면 의병 대열이 한층 세를 떨칠 것이오."

홍 의병장의 말이 끝나자 가장 연장자인 이범석(훗날 청산리 싸움에 활약한 이범석 장군과는 다른 사람) 권업회 부장이 말을 받았다.

"참으로 좋은 의견들이오. 이 참에 권업회 운영에만 기대지 말고 무력 항쟁 재개를 위해 우리끼리 단합해 봅시다. 의견이 구구하다 보면 기회를 놓치는 법이오. 몇 사람이 피로써 의형제를 맺어 실질적인 노선을 택합시다."

우연히 나온 제의에 여러 사람이 고개를 끄떡였다. 이리하여 독립운동을 실천적인 길로 끌고 가고자 뜻이 맞은 스물한 명이 모여 '21의 형제 동맹'을 결성했다.

그 비밀 결의문은 이러했다.

때는 신해년 11월 15일, 의형제 21인이 마음을 하나로 하여 형제의 의를 맺는다.

우리들 21인은 모두 지성과 열혈과 정의를 좋아하는 남자로서, 이에 결합하여 서약한다. 여기서 바른 말로 부끄러움 없음은 여러 신에게도 명백하다.

대저, 우리 21형제는 서로 제휴하고 서로 급한 어려움을 구하여, 모두 함께 업신여김을 막고 겨한 탁류를 맑게 하며, 퇴폐한 풍속을 바로잡고 완고함을 고치며 약한 것을 바로 세워, 이로써 남

의 웃음거리가 되지 않고 죽음에 이르러도 변하지 않는다.

　우리는 중용을 지키고 맹세하는 말을 들어 마음의 폐에 새겨 맹세한다. 천지와 같은 대부모 있어 이에 강림하여 감동한다. 혹, 누설하는 자 있어 신으로부터 수치를 받는 자 있으면 신이 이를 죽인다.

　결의문에는 나라를 잃은 백성으로서 지켜 나가야 할 마음가짐과 어떤 경우에도 변절해서는 안 된다는 경계가 의미심장하게 담겨 있다. 그런데도 불구하고 이들 중에 엄인섭은 이후 변심하여 일본의 밀정이 되고 말았다.

　이처럼 홍범도 의병장이 연해주 땅에서 동분서주했음에도 불구하고 재기의 기회는 오지 않았다. 1914년, 제1차 세계 대전이 터지자 연해주에서 지낼 처지가 못 되었다. 마침, 권업회에서 북만주 밀산에 농장을 설치하여 경영하고 있었으므로 그곳으로 가서 총을 파묻어 두고 1917년 1월까지 농사일에 몰두했다.

　그 후, 독립 만세 운동의 기미가 엿보이자 농사는 뒷전으로 미루고 파묻어 놓았던 총기를 파내 의병 106인을 무장시켜 간도로 향했다. 간도는 우리 땅과 만주가 접경하는 일대의 중국 영토로, 그 무렵에 많은 한인들이 이주하여 살던 지방을 두루 일컫는 지명이다.

7. 격돌

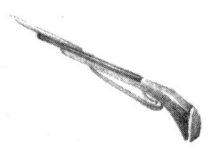

홍 의병장이 간도에 근거지를 정하고 군사 훈련을 시키는 동안에 세계 역사는 급박하게 돌아가고 있었다. 이러한 정세 변화는 우리 나라의 운명에 직·간접으로 영향을 미칠 수 있고, 의병 항쟁과도 관련이 있다.

역사의 큰 물굽이를 살펴보면 이러하다.

첫째, 제1차 세계 대전이 치열해지면서 그 동안 대한제국에 간섭하며 세력 확대를 꾀했던 러시아와 일본의 입장 차이가 두드러지게 드러났다. 세계 대전은 오스트리아 황태자가 사라예보를 방문하던 중에 암살당한 걸 빌미로 오스트리아가 선전 포고를 하며 시작되었다. 오스트리아와 동맹을 맺고 있던 독일과 이탈리아가 가세하고(이를 삼국 동맹이라고 함), 세르비아를 후원하던 러시아·영국·프랑스가 참전하게 되어(이를 삼국 협상이라 함) 전선이 확대되었다. 동맹 측에는 터키 등이, 협상 측에는 미국·중국·일본 등이 합세함으로써 30여 개국이 전쟁을 치르게 되었다. 그 기간은 1914년 7월 28일부터 1918년 11월 11일까지 4년여에 걸쳤다. 독일이 항복하고 베르사유 조약에 의해 강화가 성립되었다. 전쟁 기간에는 러시아와 일본의 이해가 일치되어 있었던 탓에 한반도 문제는 일본이 마음껏 좌지우지했다. 청국은 이미 국력이 쇠진했고, 러시아는 독일과 싸우느라 한눈을 팔 겨를이 없었다. 이에 비해 일본 군국주의는 나날이 힘을 더해 갔다. 그들은 한반도뿐만 아니라 만주 일대까지 손아귀에 넣으려 혈안이 되어 있었다.

홍범도 의병장은 이러한 국제 정세 하에서 고군분투하지 않으면 안 되었다. 국내에서 막강 일본군과 전면전을 벌이기에는 전투 역량이 턱없이 부족했다. 그렇다고 만주 옌볜 지방이나 러시아 연해주에서 활동하기가 수월한 것도 아니었다.

일본의 세에 눌린 청국과 러시아 양국 정부는 속으로는 달리 생각하더라도 겉으로는 우리의 독립 운동을 저지해야 하는 처지였다. 다만, 이 일대에 많은 한인들이 이주해 가서 한인 촌락을 세웠으므로 그것만이 유일한 힘이었다. 더구나 홍범도라는 이름 석 자는 고국을 등지고 살아가던 우리 민족에게는 큰 위로요, 희망의 등불로 자리 잡고 있었다.

둘째, 독일과의 전쟁에 휘말린 러시아에서 국민 생활이 한층 열악해지자 노동자 · 농민 계급의 혁명이 일어나 제정(황제가 다스리는 정치 체제)을 무너뜨렸다. 1917년 3월에 인민 봉기가 일어나 로마노프 왕조의 전제 정치가 무너지고 케렌스키가 이끄는 임시 정부가 수립되었다. 이어서 11월에 레닌이 이끄는 볼셰비키('다수파'란 뜻이나 혁명적 공산주의자로 변질됨)가 정권을 잡아 소비에트 정권이 탄생했다. 오래 전부터 독일·프랑스·영국·이탈리아 등 선진 각국에서 사회주의 혁명 세력이 꿈틀거리고 있던 중에 가장 강력한 제정을 펴 오던 러시아에서 사회주의 혁명이 성공하여 공산 정권이 들어서게 된 것은 인류 역사상 큰 사건이 아닐 수 없었다. 이 혁명이 끼친 영향은 상당했다.

한반도에도 차츰 사회주의 운동이 전개되어 일제의 촉각이 예민해졌다. 유럽 각국도 전전긍긍하기는 마찬가지였다. 이후 자본주의 대 사회주의, 나아가서는 자유 진영 대 공산 진영으로 세계가 두 쪽으로 갈라져 냉전 시대를 맞게 되었다.

홍 의병장은 이런 대변혁의 물결이 밀어닥치자 잠시 연해주로 건너갔다가 러시아 혁명의 발발지였던 수도 상트 페테르부르크를 다녀오기도 했다. (상트 페테르부르크는 제정 러시아의 수도로 혁명 후에 레닌의 이름을 따 레닌그라드로 개칭되었다가 소련 붕괴 후 다시 옛 이름을 되찾았다.) 상반의 차이가 심했던 근세 조선 봉건 치하에서 성장한 홍 의병장은 노동자·농민 등이 우대받고 정권을 잡는 역사 현장을 체험하면서 사상적으로 새로운 인식이 싹튼 것으로 보인다. 그의 일지(그는 〈홍범도 일지〉라는 기록을 남겼다)에도 그러한 기색이 엿보이고, 그 후 1927년에는 소비에트에서 공산당에 입당한 것으로 알려져 있다.

셋째, 1919년에 경천동지할 3·1 만세 운동이 터졌다. 고유한 언어와 역사를 가진 단일 민족이 남의 나라에 합병되어 노예 신세로 굴러 떨어질 수는 없지 않겠는가? 이에 각성한 2천만 겨레가 1919년 3월 1일을 기해 "대한 독립 만세!"를 외치며 일제에 항거했다. 자유·진리·정의에 입각한 민족 자각 운동은 서울과 삼천리 방방곡곡에서 옌볜 각지로, 연해주로 번져 갔다. 옌볜의 한인촌이 있는 지방, 이를테면 용두산, 화전자, 마패촌, 대감자, 두도구, 훈춘, 국자가는 물론이려니와 지린 성의 퉁화, 류허, 집안, 화전이, 그리고 랴오닝 성과 헤이룽장 성에서 반일 집회가 벌어졌다.

이에 힘입어 곳곳에서 여러 반일 단체들이 우후죽순처럼 생겨났다. 그 대표적 면면을 가려보면 중광단, 혈서단, 간도 국민회, 의군부, 북로군정서, 서로군정서, 신민단, 의민단, 광복회 등 이루 헤아릴 수 없이 많은 단체가 활동을 시작했다.

홍 의병장이 팔짱을 낀 채 구경만 하고 있을 리 만무했다. 곧 안도현 소재지인 명월구에서 '대한독립군'을 조직하고는 즉시 항일 무장 투쟁에 나섰다. 명월구는 당시엔 옹성라즈란 이름으로 불렸으며, 오늘날엔 옌볜 조선족 자치주에 속한 지역이다.

대한독립군의 사령관에 홍범도 장군, 부사령관 주건, 참모장은 박경철이 맡았으며 휘하 병력은 400여 명이었다. 지금까지는 홍범도가 일본군을 괴롭힌 게릴라전 성격의 의병장이었던 데 비해 이후로는 국권 회복의 대의를 공식적으로 인정받는 대한독립군을 지휘하는 지위에 올랐기에 장군으로 불러 마땅하겠다.

홍범도 장군이 창군했다는 소문이 퍼지자, 그 동안 대오가 흐트러졌던 다른 부대들이 조직을 정비했고 새로운 군사 조직이 태동했다. 3·1 만세 운동 이듬해까지 결성된 무장 단체에서 기억해야 할 부대 명칭은 최진동 군무도독부, 서일 북로군정서, 안무 국민회군 등이다. 그 밖에 의군부, 대한정의군정사, 한민회군, 조선독립군, 의열단, 광복단(회), 신민단 등이 손꼽힌다.

여기서 잠시 홍범도 장군의 인간적인 모습, 부하를 통솔하는 엄격한 자세, 그리고 눈물을 보이는 자애로운 측면의 일화 한 토막을 소개하겠다.

홍 장군의 나이도 어언 50 고개를 넘었다. 이때는 포수 출신의 백발백중 명사수, 소수의 동지를 이끌고 '날으는 홍범도'로 명성을 떨친 게릴라 두령, 탁월한 전술 전략가로 일본군에게 치명타를 가한 의병장의 자질을 뛰어넘었다. 장군의 오른쪽 볼수염은 어느 사람과는 다르게 위로 뻗쳐 올랐다. 그 까닭을 누가 물으면,

"헛헛, 너무 총을 많이 쏘아 대었기에 그럴 거요. 보시오, 총을 겨냥하기 위해선 오른쪽 뺨을 스치며 자세를 취하기에 수염인들 배겨 내겠소?"

하고 너털웃음을 웃었다.

적과의 전투에 임해서는 때로는 살쾡이처럼, 때로는 호랑이처럼 행동했지만 비전투시에는 늘 인자한 미소를 잃지 않았다. 부하들에게는 한결같이 낮은 목소리로 다정하게 말하곤 했다. 그런 그에게 매우

야릇하고 어쭙잖은 사건이 터져 난처한 입장에 빠진 적이 있었다.

부대가 은거해 있던 북간도에서 한인 주민인 한 사내가 홍 장군을 찾아와 억울함을 호소했다.

"장군님, 도대체 하늘 아래 어찌 이런 일이 있단 말입니까?"

"무엇 때문에 그러오? 어디 차근차근 고하도록 하시오."

"장군님이 나라를 되찾겠다고 병사를 일으켰지 않습니까? 그런데 남의 가정을 깨뜨리고 사람의 가슴에 피멍이 들게 한다면 나라를 구한들 무슨 소용이 있겠습니까?"

"가정을 깨뜨리다니? 또 피멍이 든 사연이 무어란 말인가?"

"불한당 같은 놈이 있소이다. 장군님 부하 병졸이 저의 내자(아내를 일컫는 옛말)를 욕보였습니다. 사실이 이런즉……."

사내는 너무나도 흥분해서 말을 잇지 못했다.

무슨 사정인지 알 만했다. 홍 장군은 더 물을 필요도 없이 부관을 불러 전군을 집합시키도록 명령했다.

취군 나팔 소리가 산간에 울려 퍼졌다. 부대원들이 놀란 얼굴로 집결했고, 주민들도 덩달아 모여들었다. 곧 남의 여인을 욕보였다는 병졸이 얼굴이 홍당무가 된 채 끌려 나왔다.

"네 이놈! 왜 끌려 나왔는지 알겠느냐? 네가 지은 죄를 사실대로 밝히렷다."

사령관의 불호령이 떨어졌다. 병졸은 고개를 들다가 사내와 눈길이 마주쳤다. 그리고 거짓으로 변명할 상황이 아니란 걸 느꼈다.

"이놈이 미련한 소치로…… 군율에는 민간과 사통(부부간이 아닌 남녀가 남몰래 정을 통함)을 금하고 있는 줄 아오나 그만……."

"사통도 사통 나름이지. 고발자의 말인즉 욕보였다 한다. 그래도 할 말이 있단 말이냐?"

"장군님, 죽을죄를 지었습니다. 죽여 주십시오. 죽는 길밖에 용서받을 길이 없습니다."

"그럴 테지……. 저 세상에 가서 좋은 낯으로 만나도록 하세."

홍 장군이 성큼 일어나 병졸 앞으로 다가갔다. 천천히 권총을 빼어 들고는 방아쇠를 당겼다.

탕!

홍 장군은 권총을 권총집에 넣고는 허리에 맨 혁대를 풀어 땅바닥에 내려놓았다. 모든 병사와 주민들은 숨을 죽인 채 바라보았다. 땅바닥은 금세 병사의 피로 물들었다. 홍 장군은 윗도리를 벗어 권총 혁대 위에 놓고는 속적삼마저 내처 벗었다. 그 속적삼으로 죽은 독립군 병사의 얼굴을 덮어 주고는 비통한 음성으로 혼잣말을 중얼거렸다.

"죽이지 않을 수 없었으니…… 아깝다. 아깝다."

홍 장군이 시체를 굽어보는 동안에 병사들도 울먹였고, 주민들도 눈물을 훔쳤다.

홍 장군은 몸을 돌려 자신의 거처인 행랑채로 걸음을 옮겼다. 부관이 땅에 던져진 장군의 윗도리와 권총 혁대를 갖고 뒤따랐다.

장군은 연 사흘이나 음식을 받지 않고 방 안에 누워 있기만 했다. 부관의 말에 의하면 쏟아지는 눈물이 도랑을 이룰 정도라고 했다. 그는 때로는 근엄한 부대장이었지만 평소에는 자상한 사령관이었고 병졸을 다스리는 데에는 눈물을 보인 상관이기도 했다.

1919년 8월 드디어 국내 침공 작전의 기치를 높이 올렸다. 홍 장군이 먼저 주목한 곳은 압록강 남안의 일본 군사 요충지 혜산진이었다. 국경 수비대가 삼엄하게 경계망을 펴고 있는 지역이지만 홍 장군은 인근 지리를 손바닥 들여다보듯 훤하게 알고 있어 승산이 있었다.

새벽에 기습 공격을 가해 일본군 수십 명을 해치웠다. 긴급 군용 전화로 사태의 전말을 알게 된 수비대 본대가 몰려들자 대한독립군은 자취를 감추었다. 그리고 밤이 되자 산길을 타고 남하하여 갑산 수비대를 쑥대밭으로 만들었다.

그야말로 신출귀몰하는 파상 공격이었다. 잠시 휴식을 가진 다음, 10월에는 평안북도로 넘어가 강계군의 요지인 만포진을 습격하여 일본군을 물리치고 한때 마을 일각을 점령하기까지 했다. 내친 걸음에 자성으로 병력을 휘몰아쳐 가서 사흘 동안 접전을 벌였다. 그리고 통쾌하게 승전고를 울렸다.

그러자 함경도·평안도·황해도 일대에서 우리 나라 사람이 삼삼오오 모이기만 하면 홍범도 장군의 이름을 들먹이며 대화에 열을 올렸다. 3·1 만세 운동 후 일본이 철권 정치로 정책을 바꾼 다음 숨을 죽이고 살 수밖에 없던 우리 겨레에게 홍범도 장군의 활약은 용기백배하는 쾌거가 아닐 수 없었다.

급기야는 상해의 임시 정부에서도 이 소식을 접하고는 매우 고무되었다. 임시 정부는 평안북도 압록강변을 한 구역으로 해서 설치했던 임시 지방 교통 사무국에 지시하여 참사 오동진, 김응식으로 하여금 전과를 조사·보고토록 했다. 이것이 사실로 판명되자 홍범도 장군과 대한독립군의 승리를 〈독립신문〉에 기사로 실어 널리 알렸다.

홍 장군은 단독으로 승첩을 올리는 순간에도 더 큰 작전 계획을 면밀히 검토하고 있었다. 연해주에서 이름을 드날리던 독립군의 거두 이동휘 등과 손을 잡는 한편, 러시아에서 많은 무기와 탄약들을 조달하는 방편을 강구했다. 그 일부가 실제로 대한독립군에 운반되어 오기도 했다.

사기가 충천한 부대는 회령 북쪽의 종성에 주둔한 일본 헌병대에 이어 두만강 상류의 남양동을 습격했다. 때로는 몇백 명의 대부대로, 또 때로는 단 수십 명의 독립군으로 국지전을 벌여 나갔다. 물론 큰 성과를 거두지 못하고 퇴각하는 경우도 있었지만 어쨌든 일본 측으로서는 낭패하고 경악할 일이었다.

조선 총독부의 '국내 방면의 배일파 침입 상보'라는 극비 문서에도 '1920년 1월부터 6월에 이르는 동안 그들(독립군을 가리킴)이 조선 땅을 침입한 사례는 전후 32차에 달했다'고 기록되었을 정도다.

평안도·함경도의 험한 산간으로 행진하는 독립군 부대와, 깊은 산속에 게딱지처럼 다닥다닥 붙어 있는 취락 마을 곳곳에 '독립군가'가 울려 퍼졌다. 그 씩씩하고 자랑스런 군가의 노랫말은 이러했다.

나가세 독립군아 어서 나가세
기다리던 독립 전쟁 돌아왔다네
이때를 기다려 10년 동안에
갈았던 날랜 칼을 시험할 날이
나가세 독립군아 어서 나가세
자유, 독립, 광복함이 오늘이로다
정의의 태극 깃발 날리는 곳에
적의 군사 낙엽같이 쓰러지리라

군가는 군대의 사기를 드높인다. 군가는 또한 백성한테 전의를 솟구치게 하고 승전하리라는 신뢰를 품게 한다. 군가는 보이지 않는 훌륭한 선전 효과를 낳는다.

'독립군가'가 널리 알려짐에 따라 홍범도 장군은 백성들로 하여금 정세를 알 수 있도록 유고문(나라에서 결행한 일을 백성들에게 알려주는 글)을 방방곡곡에 뿌리게 했다. 유고문 끝에는 다음과 같은 국호와 이름이 적혀 있었다.

대한민국 원년 12월 ○○일
대한독립군 의용대장 홍범도
동원 박경철 이병채

그런가 하면, '순사 보조원에게 특히 고하노라(기타 밀정 등도 함께 보라)'는 포고문도 붙였다.

사실 당시에는 같은 한민족이면서도 일본의 앞잡이가 되어 동족을 괴롭히는 망나니가 많았다. 겨레의 피를 빨아먹는 빈대, 벼룩과 무엇이 다를 것인가? 그들로 하여금 경각심을 갖도록 조처한 것은 홍범도 장군의 안목이 크고 넓어졌음을 의미한다.

한편, 그 무렵에 러시아의 한인 단체들은 소비에트의 지원을 받으며 두 갈래로 갈라져 항일 전선에 임하고 있었다. 대한독립군 홍범도 장군의 앞으로의 행동 방침과 연결되어 있었으므로 참고할 필요가 있다.

첫 갈래는, 1918년 6월에 하바로프스크(연해주 북쪽의 도시)에서 이동휘를 의장으로 받들어 창립한 '한인사회당'(후에 '고려공산당'으로 개칭)이다. 이들은 간도와 요하에 3개 작전 본부를 설치하고 상해에서 한글 신문, 잡지를 발행했다.

두 번째 갈래는, 1919년 9월에 역시 하바로프스크에서 김철훈을 의장으로 추대한 단체로, 후에 '전로(全露) 고려공산당'이 된 사회당이다. 이들도 랴오허 강, 헤이룽 강 성에 당 조직을 만들고 연해주에서 〈선봉〉 〈적기〉 등 한글판 소식지를 펴냈다.

바야흐로 독립 운동의 한 갈래가 소비에트 공산당과 손잡는 기운이 싹트던 때였다.

8. 아! 봉오동 승전

1920년 5월이었다.

그 동안 홍범도 장군 휘하의 대한독립군은 근거지를 두 차례에 걸쳐 옮겼다. 명월구는 부대를 주둔시키기에 좋은 지형 조건을 갖추고 있었으나 고단하게 살아가는 한인 주민에게 더 이상 폐를 끼치는 게 마음에 걸렸다.

먼저 왕청 피감자란 곳으로 주력 부대를 옮겼다가 일본과의 결전을 위해 두만강과 가까운 곳에 위치한 봉오동으로 이동했다. 중국 국경 도시인 투먼 시에서 서북쪽으로 약간 비켜선 지점이었다.

어느 날, 홍범도 장군이 부관을 불렀다.

"불원간 일본군과의 접전이 벌어질 건 불을 보듯 뻔하네. 우리 부대만으로 전투를 수행하는 것보다 다른 독립군과 연합 전선을 펴는 게 옳을 듯하이. 어느 부대가 말이 잘 통할까?"

"부대가 전투력이 있는 걸로는 최진동 장군이 이끄는 도독부가 으뜸일 듯싶습니다. 하지만 대외적으로 명성이 높은 부대는 아무래도 안무 사령관의 간도 국민회군이 아니겠습니까?"

"그렇겠지. 우리 부대와 그 중 가까이 위치한 독립군으로는 신민단이 있지?"

"그렇습니다."

"자네가 당장 최진동 장군을 찾아보도록 하게. 본래 나와 의기 투합하는 분이니 기꺼이 우리의 제의를 받아들여 줄 걸세. 구슬이 서 말이라도 꿰어야 보배란 말이 있듯이 힘을 합치면 왜병을 박살내게 될 테지."

"알겠습니다. 즉시 시행하겠습니다."

이렇게 하여 우선 최진동 부대와 연합하여 부대 명을 '군무도독부'로 정하고 야전 사령관 격인 정일(일본을 정복한다는 뜻) 제1군 사령관 직을 홍범도 장군이 맡았다. 그 달 22일에는 안무 사령관과 회동하여 3개 부대의 연합을 결성했다. 부대 명이 다시 '대한북로독군'으로 바뀌었다. 제1군 사령부는 여전히 홍범도 장군의 지휘를 받도록 했다.

며칠 지나지 않아 급보가 전해졌다. 신민단 소속 독립군 30여 명이 삼둔자 마을에 은거해 있다가 두만강 건너 국경 초소를 급습했다는 것이다. 1개 소대 병력의 일본군에게 타격을 가한 모양이었다.

그러자 약이 바짝 오른 일본군 수비대에서는 아라요시 중위로 하여금 1개 중대 병력과 경찰을 덧붙여서 수색대를 편성하게 했다. 그러고는 신민단의 본거지를 궤멸시키고자 국경을 넘게 했다.

이는 국제법상 위법이었다. 그러나 청국 정부나 만주 각지의 지방 행정력이 미약하여 이를 막거나 항의조차 할 형편이 못 되었다. 삼둔

자에서 소규모의 접전이 있었으나 일본군 측으로서는 소기의 성과를 얻지 못한 셈이었다.

일본군으로서는 기왕에 빼든 칼인지라 더 대담한 작전을 펴고 나왔다. 야스카와 부대까지 합세하여 신민단의 세력권인 국경 가까운 한인촌들을 속속 수색하며 양민을 해치고 집을 불태웠다.

마침내 6월 7일 후안산이란 곳에서 두 번째 충돌이 벌어졌다. 양측에서 몇 명의 전사자를 낸 채 총소리가 멎었다. 해가 긴 여름으로 접어들었으나 산간 마을에는 땅거미가 일찍 드리웠기 때문이다.

일본군은 산속으로 후퇴한 독립군을 더 추격하지 못하고 병력을 서둘러 철수시켰다. 밤이 되면 지형에 익숙지 못해 어떤 손실을 당할지 알 수 없는 일이었다.

이 두 번의 접전으로 간도 땅 일대에 긴장감이 고조되었다. 빠른 시일 안에 대규모의 일본 진압군이 증파되어 밀어닥칠 판이었다.

독립군에서도 확고한 방비책을 강구하지 않으면 안 되었다. 한인들이 호박골이라 부르는 마을에서 상촌까지의 지역에 여러 독립군 부대가 집결했다. 앞서 말한 3개 부대의 연합과 신민단이 가세한 '북로독군부'가 그것이다.

새로이 지휘 체계를 갖추었는데, 그 면면은 이러했다.

부　　장　최진동
부부장　안 무

사 령 부 장   홍범도
사령부부장   주 건
군 무 국 장   이 원
참 모 부 장   이병영

이러한 진용을 갖춘 독립군은 곧 매복 작전에 들어갔다. 봉오동의 중심 마을인 상촌 주위의 동골, 남골, 북골 골짜기에 병력을 분산 배치했다.

이제 일본군을 이쪽으로 유인해 오는 일만 남았다. 지형이 흡사 논고등 같은 꼴이어서, 몰려든 일본군을 입구 쪽에서 차단한다면 독 안에 든 쥐 신세를 면할 길이 없었다.

홍범도 장군은 2개 중대를 거느리고 북쪽 산마루에 지휘소를 정했다. 그곳에서 전 부대의 작전을 총괄하기로 했다. 항일 독립군의 전사에 길이 빛날 봉오동 전투는 이렇게 막이 올랐다.

한인들은 봉오동의 황무지를 개간하여 일부에 조와 수수, 감자를 심어 놓았다. 산으로 에워싸인 개활지였다. 야산 기슭에는 쑥대가 무성하게 자라 하늘을 가릴 듯했다.

바람조차 없어 고요만이 가득했다. 어쩐 일인지 풀벌레 울음소리조차 딱 멎어 버렸다.

정오 무렵에 야스카와 소좌가 총지휘하는 일본군 대병력이 봉오동을 향해 조심스럽게 진군해 왔다. 그들도 홍범도 장군의 덫에 여러 번 걸려 보았기 때문에 논고둥 같은 지형 안으로 성큼 들어서지 않았다. 일본군이 척후병을 지형 안으로 먼저 들여보냈다.

타타탕!

정적을 가르며 총성이 울려 퍼졌다. 독립군 매복조가 사격을 가한 것이다. 일본 척후병은 몇 구의 시체를 버려두고 퇴각했다.

멀리서 망원경으로 이를 관측하던 야스카와 소좌는 넓은 개활지에 적은 병력이 포진하고 있음을 간파했다. 일거에 소탕할 수 있으려니 판단했다.

그들은 기관총으로 중무장하고 있었다. 이쯤의 화력으로 무엇이 두려우랴 싶었으리라. 속전속결! 총진격하라는 명령이 떨어졌다.

선발대 기마병이 말발굽 소리를 울리며 내닫자 보병들이 조준 자세를 취하며 뒤따랐다. 이걸 본 독립군은 도저히 대적을 못 하겠다는 시늉으로 등을 보이며 산속으로 몸을 숨겼다. 하지만 멀리서도 나무 틈새로 희끄희끗한 옷자락이 움직이는 게 보였다.

일본군이 서슴없이 개활지 안으로 들어와 병력을 벌려 놓았다. 이 때 북쪽 산마루의 홍범도 장군 지휘소에서 신호기가 흔들렸다. 일본군 주력이 도망치는 독립군을 쫓아 서산 시루봉 쪽으로 몰려들자, 그 기슭에 매복한 소대에게 사격 신호를 보낸 것이다.

콩 볶듯 요란한 총소리가 울려 퍼지며 계곡 일대가 순식간에 화약 연기로 뒤덮였다. 느닷없는 공격에 일본군은 방패막이로 삼을 만한

커다란 바위로 포개지듯 모여들었다. 홍범도 장군은 이렇게 될 줄을 미리 알고 있었다. 이번에는 그 바위 아래가 탄착 지점이 되는 방향에 잠복해 있던 소대에서 사격을 시작했다.

선발대가 몰락했음을 안 일본 지휘관은 화력이 좋은 주력을 좋은 지형을 택해 투입했다. 그러나 그들이 호기롭게 매복지를 덮쳤을 때는 단 한 명의 독립군도 눈에 띄지 않았다.

도대체 하늘로 솟구쳐 올랐단 말인가, 땅으로 꺼져 들었단 말인가? 지휘관은 주력군을 북쪽 산마루를 점령하도록 몰아쳤다. 많은 사상자를 내면서 고지를 차지했지만 거기에도 독립군이 급히 퇴각하면서 버리고 간 신발, 구멍이 난 물통, 혁대만 흩어져 있을 뿐이었다.

다른 산마루에서도 마찬가지였다. 일본군은 무장이 형편없다고 독립군을 너무 깔보았었다. 기관총을 드르륵 갈겨 대면 가을 바람에 낙엽이 떨어지듯 시체가 널브러질 줄로 알았다. 그런데 사력을 다해 여러 고지를 점령했지만 독립군은 그 어디에도 없었다.

그때, 진정 하늘이 돕고자 했던지 괴이한 기상 이변이 일어났다. 파랗고 맑은 하늘에 갑자기 먹장구름이 몰려오더니 굵은 빗방울이 후드득 떨어지기 시작했다. 소나기는 이내 장대처럼 땅에 내리꽂혔다.

몇 미터 앞도 구별되지 않을 만큼 굵은 빗줄기가 시야를 가렸다. 일본군 총지휘관은 작전을 다음날로 미룰 수밖에 없다고 판단하고는 병력을 개활지로 집결케 했다. 300여 명의 대대 병력이 반 이상 줄어들었다.

일본군은 대오를 지어 사면을 경계하며 봉오동을 빠져나가려 했다. 그들이 논고등 지형의 입구 쪽을 지날 때, 양쪽에서 총알이 빗발쳐 왔다. 홍범도 장군이 어느새 이켠으로 부대를 이동시켜 그들을 기다리고 있었던 것이다.

황토물이 고랑을 이루는 자리에는 예외 없이 핏물이 흘렀다. 그런데 또 이건 무슨 조화일까? 그렇듯 장대비가 쏟아진 게 언제냐는 듯 날씨가 말짱하게 개었다. 독립군 측으로 보면 일본군을 소탕하기에 안성맞춤이었다.

일본군은 기세 좋게 진군해 왔던 때와는 정반대로 단지 수십 명만 사색이 된 몰골로 사지를 빠져나갔다. 굉장한 승전이었다. 이날 획득한 전리품도 상당한 양이었다.

참패를 당한 일본군은 당분간 새개를 도모하지 못할 것 같았다. 그들은 꼬리를 내리고 두만강을 건넜다.

독립군 측에는 전사자 8명에 부상도 몇 명에 불과한 경미한 손실만 있었을 뿐이었다. 일찍이 유례가 없는 대승전이었다. 독립군 연합 부대가 근거지로 돌아오자 두만강변 위 아래 10개 마을에서는 돼지를 잡고 찰떡을 쳐서 대대적인 개선 잔치를 벌였다.

이 소문은 빠르게 번져 나갔다. 여러 신문 지상에 전투 기사가 실렸는데, 그 중 중국에서 발간되는 〈길장일보〉는 '일·한 군대의 대격전' 이란 제목으로 다음과 같이 보도했다.

……	산길을 잘 알고 있는 독립군이 사면에 잠복하고 있다가 습격하니 일군은 대패하고 말았던 바 당장 150명이 죽고 수십 명이 부상당했으며, 살아남은 병력은 가까스로 강을 건너 퇴각했다. 이번 전투에서 독립군은 보총 60여 자루, 기관총 3정, 권총 다수를 노획했다. 일군이 패배한 후 극히 당황한 일본 정부는 우리 나라 화룡현 관할 구역 내의 두만강 나루터를 모두 봉쇄하고 교통을 차단시켜 버렸다. 회령에서 삼봉까지 통하는 경편 철도는 화물 운반을 중지하고 전적으로 군대를 실어 나르고 있다. 이 달 7, 8일부터 12일까지 도합 육군 3천여 명을 종성, 동관, 창수, 삼봉 등 네 곳에 수송하여 주둔시키고 월경할 태세를 갖추었다.

홍범도 장군이 거처하는 가옥에는 마을 노인들이 승전 축하 인사를 하러 몰려들었다. 개중에는 코흘리개 아이들도 눈을 반짝이며 끼여 있었다.

마루에 앉아 있던 한 노인이 치하를 했다.

"장군님의 공덕은 익히 듣고 있었습니다만 귀신이 곡할 만큼 기막힌 작전을 세워 왜군을 일망타진할 줄이야 어떻게 알았겠습니까."

"다 독립군 개개인이 잘 싸워 무공을 세운 덕분이지요. 과찬하지 마십시오."

"과찬이라니요? 천부당 만부당한 말씀이십니다그려. 그저 장군님 같은 분이 대한제국의 군을 통솔했더라면 나라가 저 꼴이 되지 않

앉을 텐데, 그게 천추의 한이 됩니다."
"옛날 일을 탓해서 무얼 하겠소. 이제부터라도 정신을 바짝 차리고 원수 일본놈들을 거꾸러뜨리도록 애써야지요."
"그런 얘기는 그만 하고 왜놈과 싸운 이야기를 들려주세요."
어른들이 얘기하는 사이에 한 아이가 불쑥 끼어들었다.
"이 녀석, 무엄하게 어느 어르신 앞이라고 네가 나서느냐? 애들은 물러가지 못할까!"
한 어른이 꾸짖었다.

그러자 홍범도 장군이 팔을 내저었다. 그러지 말라는 몸짓이었다.
"어른들보다 저 아이들이 많은 얘기를 들어야 하오. 새싹이 자라서 튼튼한 재목이 되듯 저 애들이 장차 나라의 기둥이 될 게 아니오. 그래, 네가 궁금한 것이 무엇이라고?"
아이가 까만 눈을 빛내며 얼씨구나 하는 표정으로 말을 받았다.
"어떻게 왜놈을 거꾸러뜨렸냐고 여쭈었더랬습니다."
"오라, 그렇지. 그 날은 바람 한 점 없고 날은 맑았지. 산 밑으로 쑥대가 무성한데 마치 머리카락 속에 서캐가 박혀 있듯이 왜군이 몸을 숨기고 있더구나. 쑥대가 흔들리는 곳마다 겨누어 총을 쏘았지. 발랑 나자빠지는 꼬락서니라니……. 하하하, 내 총으로 여러 놈을 쓰러뜨렸을 게다."
홍범도 장군이 호탕하게 너털웃음을 터뜨리자 아이의 얼굴이 한층 상기되었다.
"보시오, 어른신네들. 저 아이들을 잘 보살펴 주시오. 우리가 잘살려고 피 흘려 싸우는 게 아니잖소. 다 저 애들 앞날을 위해서라오."
"지당하신 말씀입니다."
마루에 앉은 어른들이 모두 고개를 끄덕였다.
이튿날 아침에 홍범도 장군의 부대가 마을을 떠나겠다고 하더니 그 날 자정에 감쪽같이 자취를 감추었다.
그의 용의주도한 부대 운영의 일면을 엿볼 수 있는 대목이다. 이 마을 안에도 일본의 정탐꾼이 숨어 있어서 낱낱이 보고할는지 모를 일이었으니까.

　그 후 홍범도의 대한독립군은 천보산과 어랑촌을 지나 완루구로 가서 한 달간 주둔하며 병력을 쉬게 했다. 이제 더 큰 전투가 곧 일어날 터였다.

　그때를 대비해 보급품을 비축할 필요도 있었다. 그 중, 탄약과 신발을 확보하는 게 가장 다급했다.

9. 긴장이 고조되다

    봉오동에서 망신을 당한 일본군은 더 한층 서슬이 퍼레졌다. 국경 수비대는 이를 뿌드득 갈았고, 1910년 한일 합방을 계기로 통감부 대신 설치된 조선 총독부에서는 어떤 빌미를 잡아서 항일 독립 전선을 일망타진할 것인가 골몰했다.
    홍범도 장군의 독립군 부대는 봉오동의 대승전 후로도 몇 차례 일본군 소규모 병력을 곳곳에서 격파했다.
    일본은 옌볜 지방 진출의 발판을 삼고자 백두산의 만주 쪽 마을인 용정에 일본 총영사관을 개설하고 경찰 및 헌병대를 상주시키고 있었다. 홍범도 장군은 의란구에서 명월구로 부대를 이동하던 중 망원경으로 일본군의 행군을 관측했다. 경찰서 고등계 형사부장 츠바이가 인솔한 수색대 28명이었다.
    마침내 사격권 안으로 적들이 들어섰다. 8월 한여름 때여서 수풀은 무성하게 잎을 드리웠다. 수풀 속에 잠복해 있던 독립군 용사에게 사격 명령이 하달되었다. 폭죽처럼 울려 퍼지는 총성!
    그 날의 전투에서 일본 순사 22명을 쓰러뜨렸다. 아군의 피해는 거의 없었으니 일방적인 승리였다.

이런 사태가 거듭되자 일본 당국은 다급해진 나머지 역사에 '훈춘 사건'이라 기록된 야비한 사건을 획책했다. 그 전후의 사정은 다음과 같았다.

일본이 옌볜 지방으로 군대를 출동하는 데는 여러 모로 애로가 많았다. 우선 타국 땅이어서 중국과의 관계가 험악해질 것이며, 파병에 따른 국제적인 비판을 면할 길이 없을 터였다. 그렇다고 항일 독립군이 활개를 치도록 방치할 수도 없는 일이었다. 적당한 구실을 만들 필요가 절실했다.

그리하여 일제 침략자들은 만주 일대의 마적단 400여 명을 매수해서 1920년 10월에 중국 국경 도시 훈춘에 소재한 일본 관청과 거류민을 습격하게 했다. 실제로 다수의 인명이 피해를 입었으니, 그야말로 자기 도끼로 제 발등을 찍은 꼴이었다.

이어서 만주 거류 일본인 회장으로 하여금 자국민을 보호하기 위해 군대를 보내 줄 것을 본국에 청원하는 전보를 치게 했다. 일본은 기다렸다는 듯이 전보를 받은 이튿날, 즉 10월 3일에 나남 19사단을 전격적으로 투입했다.

일본 민간인을 해친 마적단을 소탕한다는 평계를 댔지만, 실제 목적은 독립군의 근거지와 병력을 뿌리 뽑겠다는 데에 있음은 의심의 여지가 없었다. 그들은 훈춘 부근의 촌락을 샅샅이 수색하면서 사도구에 있는 한민회를 비롯한 혁명 단체 간부 300여 명을 학살하고 마을을 불태웠다.

19사단 사단장에게 하달한 작전 명령 '제3호 훈령'의 1항은 '군은 훈춘 및 간도 지방에 있는 제국 신민을 보호하고 아울러 그 지방에서의 불령선인(원한이나 불평을 품은 조선 사람을 통칭함) 및 거기에 가담한 마적 기타 세력을 초토화한다'로 되어 있었다.

이 문맥만으로도 작전의 첫째 임무가 한인의 제거에 있고, '초토화한다'라는 맺음말로써 민간 마을까지 없애라는 뜻이 분명하게 나타나 있다.

훈춘 사건을 신호탄으로 하여 속속 병력 증강의 조치가 취해졌다. 그 규모가 너무나 커서 전면전을 시도하려는 그들의 내심이 파악되고도 남음이 있다.

10월 15일, 아즈마 소장의 여단 사령부가 용정에 진주.

10월 21일, 이소바야시 소장의 제38여단 사령부가 훈춘 현성에 입성.

10월 23일, 시베리아에 출병했던 연해주 주둔군 우리시오의 제11사단이 옌볜 지방으로 이동.

같은 날, 철령의 일본군 보병 제17연대와 공주령의 기병 제20연대가 두 갈래로 부순, 통화, 환인, 관전, 해룡, 안동 등지로 진출했다.

이 병력만으로도 2만 5천 명에 달했는데, 그 밖에도 관동군마저 출동시켜 지원토록 했으니 놀랄 만한 사태였다. 어떻게 이 병력이 마적단 소탕 규모란 말인가? 가까이는 한인 세력을 제거하겠다는 것이고 멀리는 만주를 수중에 넣겠다는 마각을 드러낸 것이다.

옌볜뿐만 아니라 중국 동북 지방에도 긴장이 먹구름처럼 드리운 그해 가을이었다.

이 무렵, 독립군 각 부대도 일본군의 동향을 예의 주시하고 있었다. 지금까지의 격전은 비교도 되지 않을 만큼 큰 전투가 임박했음을 피부로 느꼈다. 따라서 각 부대 간의 연락도 빈번해졌다.

북로군정서 서일 총재는 그 중심권에 자리 잡고서 서로군정서 이상룡 독판과 협동 작전을 모색했다. 홍범도 장군의 대한독립군과 최진동 장군의 독군부 부대도 부대를 이동할 때마다 행동 일정을 서일 총재에게 일일이 알렸다.

9월에 일본군의 동향이 심상치 않다는 첩보를 접한 홍범도 장군은 안무의 국민회 부대와 연합할 작정을 했다. 한인 마을에 피해를 주지 않기 위해 장백산(백두산의 중국 쪽 지명) 밀림 지대로 들어가 만일을 대비하자고 약속했다.

때마침 러시아 연해주로 갔던 서일 총재의 일행이 많은 무기와 탄약을 구해 돌아왔다. 북로군정서에는 총재 아래에 야전 사령관 격으로 김좌진 장군이 명성을 떨치고 있었다. 홍범도 장군이 사태의 긴박함을 알리자 두 사람도 이에 호응하여 몇 가지 결단을 앞당겼다.

그 달 9일에 사관연성소 제1회 졸업식을 서둘러 거행했다. 이로써 의병 수준을 넘는 신식 사관 부대가 태어났다. 갓 스무 살의 청년 장교 이범석(연해주의 동명이인과 다른 사람. 훗날 대한민국 국무총리에 올랐으며 〈우등불〉의 저자이기도 함.)으로 하여금 지휘케 했으며 부대 명은 '여행단'으로 지었다.

여행단을 선발대로 삼아 주력 부대를 왕청현 서대파에서 대감자를 거쳐 화룡현 이도구, 삼도구 지역으로 이동시켰다. 이는 말할 나위도 없이 일본군과의 대접전을 예비한 것이었다.

홍범도 장군은 의란구 서북쪽에 주둔하고 있다가 안도현 내두산으로의 이동을 앞두고 병력을 집합시켰다. 300여 명의 독립군이 헐거운 행랑과 무기를 챙겨서 대오를 지었다.

장군의 차림새도 오랜 산간 생활로 말미암아 보잘것없었다. 일본제 미 상대를 메고 허리에는 권총과 불통 하나를 찼다. 군모에 태극 마크가 붙은 모표만이 선명할 뿐, 군복도 여느 병사의 것과 다를 바 없는 물들인 광목이었다.

홍범도 장군은 비장한 목소리로 일장 훈시를 했다.

"독립군 제군. 지금부터 한두 달 내에 대대적인 일본군 출동을 보게 될 것이다. 목숨을 겨레의 제단에 뿌릴 날이 다가왔다. 본인은 일본 대군과의 접전을 피하려 하지 않지만 여기서 죽는다면 이 얼마나 허망한 노릇이겠는가? 그래서 잠시 백두산 지방으로 가 있다가 한 발자국이라도 조선 쪽으로 나아가서 뜻 깊은 희생을 바치고자 한다. 무릇, 살아남고자 애쓴다면 죽게 마련이고, 죽을 각오로 싸우면 살 길이 열릴 것이다. 명심하기 바란다."

한 마디 한 마디가 피가 끓는 듯한 다짐에 병사들은 감동하여 기꺼이 사령관을 따를 결의에 찼다.

당시 일본군의 밀정들도 독립군의 형세를 일거수 일투족 정탐하고 있어서 이런 보고서를 올렸다.

'10월 12일 밤, 홍범도 부대 약 500명, 김좌진 부대 약 600명 및 기타의 단체는 화룡현 삼도구 청산리에 주둔했으며, 이런 불령단(나쁜 무리라는 뜻)은 이도구 황구령 밀림 지대로 이동해 갈 것 같음.'

'상해 임시 정부 간도 특파원 안명근(안중근 의사의 동생)은 10월 초순에 의민단 고문을 맡고, 홍범도는 화룡현 이도구 완루구에 있으면서 망루를 세워 일본군 행동을 감시하고 있으며, 위협이 닥칠 때는 봉밀구 서쪽의 계곡인 천수동으로 피신할 계획이라 함.'

'이도구 어랑촌 부근에서 일본군과 대치해 있는 불령단의 주력은 홍범도 및 안무가 통솔하는 부대와 한민회 등 약 500명인데, 10월 중순경에 각자 총탄 200발, 양식 1주일분을 나누어 소지했음.'

독립군 인원 수가 늘었다 줄었다 하는 것은, 그때마다 각 부대원을 분산 배치한 탓도 있고, 또 밀정의 탐문이 부정확했던 탓도 있겠다. 어쨌든 독립군 연합도 상당한 전투력을 확보한 채 화룡현 이도구, 삼도구 지역에서 결사항전 태세를 갖추고 있었다.

역사에 빛나는 청산리 대승첩의 날이 하루하루 다가왔다.

10월 초순경. 연일 계속된 행군과, 일본군이 대거 간도 지방에 집결하고 있다는 정보에 접한 독립군 사이에는 동요가 일기 시작했다.

'이제는 죽음을 피할 수 없게 되었나 보다. 남의 나라 땅에서 백골을 묻게 되다니. 죽음은 두렵지 않으나 가족이 보고 싶군. 아내와 자식들을 보고 돌아와 싸운다면 여한이 없겠다.'

많은 사람들이 이런 생각을 했다. 잔잔한 호수에 돌멩이를 던졌을 때 파문이 일파만파로 번져 가듯이 이러한 동요는 순식간에 많은 독립군의 마음을 흔들리게 했다.

한 병사가 직속 상관인 함 하사에게 하소연을 늘어놓았다.

"제 집은 북완루구에서 남쪽으로 산마루 두 개만 넘으면 있습니다. 사흘간의 빌미만 주면 어린 자식이나 한 번 보고 돌아오겠습니다. 함 하사님 재량으로 좀 보내 주십시오."

"그것도 말이라고 하나? 정히 집에 갔다 오고 싶으면 네 다리 한 개를 잘라 놓고 가라!"

그러자 마 씨 성을 가진 그 병사는 주위를 두리번거리다가 헛간에 세워져 있던 도끼를 가지고 왔다. 그러면서 바짓가랑이 한쪽을 걷어 올렸다.

"함 하사님, 제발 제 다리 한쪽을 잘라 주십시오. 얼른 새끼들이나 보고 와서 싸우게 말입니다."

"저놈의 넉살…… 아서라, 내가 너 같은 자를 상대해서 무슨 소용이 있겠느냐."

홍범도 장군도 이때쯤엔 늘 장검을 곁에 놓아 두었다. 부대를 이탈하겠다는 병사가 있다면 목을 베어 버리겠다는 말없는 표시였다. 이러한 사령관의 의지로 말미암아 동요는 가라앉아 갔다.

10월 13일.

홍범도 장군은 화룡현 이도구에서 대한독립군, 국민회군, 신민단, 의민단, 한민회 등 무장 단체 지휘관들과 회동하여 통일 작전 지휘부를 구성했다. 그 자리에서 다음 5개 항의 결의문을 작성했다.

1. 위의 무장 단체의 군사 행동을 통일할 것.
2. 국민회에 등록된 자들은 총동원하고 예정된 부서에 임할 것.
3. 군량 및 군수품 징수에 급히 착수할 것.
4. 정찰대를 조직하여 각 방면에 밀행시켜 일본군의 동태를 탐지할 것.
5. 일본군과의 응전은 그 허를 찌르거나 또는 산간에 유인하여 필승을 기하도록 하고 그 외에는 싸우지 말 것.

이때 집결된 병력 수는 이러했다.

대한독립군   300여 명
국 민 회 군   250여 명
신 민 단 군   200여 명
의 민 단 군   200여 명

한민회군   200여 명
광복단군   200여 명
의군부군   150여 명

10월 16일.

화룡현 삼도구에 김좌진 장군이 이끄는 북로군정서의 주력 부대가 이동해 왔다.

이로써 독립군 측의 주요 부대가 대다수 모인 셈이었다. 지휘관이 다시 연석하여 갑론을박 논쟁을 벌였다. 이 회의에서 가장 주도적으로 의견을 개진한 사람은 북로군정서 부총재 현천묵과 대한독립군 사령관 홍범도였다.

현천묵 부총재가 먼저 입을 열었다.

"우리 독립군이 뭉쳤다고는 하나 막강한 일본 정규군 부대와 정면으로 충돌한다는 건 슬기롭지 못한 일이오. 자칫, 우리 측에서 사상자를 많이 내게 되면 후일을 기약할 수 없을 것이오."

그러자 홍범도 장군이 발끈했다.

"그렇다고 언제까지 피해 다녀야 한단 말이오! 그렇잖아도 병사들이 주눅이 들어 있는 판입니다. 어차피 왜적들과 일대 격돌이 불가피한 형세니 미루어야 할 하등의 이유가 없잖소?"

"난 그렇게 판단하지 않소. 저들의 화력이 월등한 건 삼척동자도 다 아는 일이니 일단 예봉은 피합시다. 일본군이 분산되면 그때 국지전으로 파상 공세를 취하는 게 득이 될 거요."

"거참! 우리 독립군이 자주 연합을 했지만 언제 그 힘을 쏟아 부은 적이 있었던가요? 차일피일하다가 제각각 부대에 사정이 생겨 흩어지기 일쑤였어요. 그런 우를 범하지 않기 위해 아예 이 자리에서 총 진군 작전 계획을 수립합시다."

홍범도 장군은 바로 결행할 태세로 지도를 펼쳤다.

그때까지 이들의 의견을 듣고 있던 김좌진 장군이 나섰다.

"홍 장군의 말도 일리가 있으나 조금만 뜸을 들이도록 합시다. 우리가 일단 접전을 피하는 모양새를 보이면 왜군이 방심하게 될 것이오.

그럼 허점이 드러나게 되겠지요. 잠시 자중토록 합시다."

그 자리에 함께 있던 안무, 계화, 박녕희, 이범석, 이학근 등도 동의하는 듯해 홍범도 장군은 현천묵의 의견을 따르기로 했다.

그러나 이 회의의 결론은 며칠 지나지 않아 뒤집어질 수밖에 없었다. 일본 침략군 제19사단 사령부가 기민하게 작전에 돌입한 탓이다.

10월 14일, 이소야바시 지대(支隊)가 훈춘하 골짜기의 평야 지대로 출동한 것을 시작으로, 17일에는 기무라 지대가 왕청 방면으로, 15일엔 아즈마 지대가 용정에 진주했다. 곧이어 그들 각 부대가 홍범도 장군이 있는 이도구와 김좌진 장군이 진을 친 삼도구로 포위망을 좁혀 왔다.

10월 20일, 화룡현 내에는 동쪽에 이도구, 서쪽에 봉밀구, 남쪽에 삼노구(청산리가 소재한 구역), 북쪽에 고동하강반에 걸친 협소한 산간 지역에 양측 군대가 대치하기에 이르렀다. 일본군은 4천여 명인데 비해 독립군 측은 비무장원을 합쳐 3천여 명이었다.

삼도구에는 서쪽 골짜기로 해란강이 흐른다. 강을 거슬러 오르다 보면 중간 중간마다 부흥촌(박달평으로도 불림), 송하평, 나월평, 십리평, 청산리(평양촌이라고도 불렸음) 등 마을이 자리 잡고 있었다.

앞으로 격전이 벌어질 청산리는 삼도구 중심 마을에서 20킬로미터 떨어졌고, 백운평은 청산리 마을에서 또 12킬로미터 떨어져 있었다.

2, 3일 전에 독립군 연석회의에서 싸우느냐 피하느냐를 두고 격론을 벌였는데 이제는 벼랑 끝에 몰린 형세였다. 김좌진 장군은 뒤늦게

야 홍범도 장군의 의견이 옳았다는 걸 깨닫지 않을 수 없었다. 그리하여 다시 긴급 회동을 가졌다.

이 자리에서 홍범도 장군은 청산리 부근의 지형이 유리하다고 제의했다. 그때 홍범도 장군이 지휘하는 독립군 연합 부대는 완루구 산기슭에 배치되어 있었는데, 일본군 아즈마 지대의 지휘부가 위치한 어랑촌에서 가까웠다.

"김 장군의 휘하 병력이 이번 전투에서 선봉에 서 주시오. 특히 이범석 연성대장이 인솔하는 여행단 용사들은 훈련이 잘 된 만큼 그들로 하여금 적군을 공격하여 청산리 골짜기로 끌어 들이면 승산이 있습니다. 그렇게 조처해 주시겠습니까?"

홍범도 장군의 말에 김좌진 장군도 쾌히 수락했다.

그 날 밤, 김좌진 장군이 지휘하는 북로군정서 부대는 청산리 골짜기로 이동하여 몇 개 한인촌에 머물렀다.

송림평 한인 마을에선 큰 전투가 임박했다는 걸 알고 황소 한 마리를 잡아 삶았다. 고기가 익을 즈음에 정탐병들이 달려와 일본군 선발대의 행군이 보인다는 보고를 했다.

김좌진 장군은 서둘러 검정 말에 올라탔다.

마을 노인장이 말고삐를 잡으며 간곡히 만류했다.

"장군님. 고깃국이 끓었습니다. 잠시만 지체해 주시면 저희들이 성의를 다해 보은하겠습니다."

"아니오. 뜻은 고맙소만 사소한 일로 대의를 그르칠 순 없소. 이곳은 평지가 넓어 왜놈들이 밀려들면 대적하기 어렵소. 부관, 전군은 나를 따르게 하라!"

"아이구, 이렇듯 황당할 수가……."

노인장은 말을 잇지 못하고 눈물을 글썽거렸다.

아니나 다를까. 반나절이 못 되어 아즈마 지대의 보병 제73연대 선발대가 송림평 마을로 진공해 왔다. 만일 조금만 더 멈칫거렸다가는 북로군정서 대군이 뒤통수를 얻어맞았을 게 분명했다.

1920년 10월 19일은 이렇게 저물었다. 곧 피비린내가 산하를 덮을 것을 미물도 알아차렸는지 그 날따라 까마귀들이 숱하게 몰려왔다.

10. 살아 있는 전설, 청난리 대첩

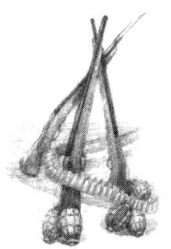

결전의 날이 밝았다.

조선을 통째로 삼킨 일본으로서는 옌볜 지방에서 나라를 되찾고자 무장 대열을 갖춘 독립군이 눈엣가시 같은 존재였다. 한시 바삐 일망 타진해야겠다고 혈안이 되어 있었다.

독립군은 힘으로 국권을 탈취한 제국주의 일본을 이 땅에서 물리치기 위해선 무력에 기댈 수밖에 없다고 판단했다. 그러므로 결전은 피치 못할 운명적인 것이었다.

10월 20일.

김좌진 장군은 이범석 연성대장이 거느린 제1선 부대를 먼저 백운평으로 이동하도록 명령했다. 적군을 끌어들여 섬멸시킬 수 있는 유리한 고지를 확보하기 위해 취한 조치였다.

그가 직접 통솔하는 제2선은 그 날 오후에 중봉리를 지나 백운평으로 들어섰다. 그곳에도 한인촌에 사는 주민들은 서둘러 잡곡밥을 지어 독립군의 시장기를 달래 주었다.

산간에는 가을이 깊어 밤이 되자 기온이 뚝 떨어졌다. 그렇다고 병력을 마을에 모여 있게 할 수는 없는 일이었다. 산기슭으로 오르게 해서 낙엽을 이불 삼아 덮고 잠자게 했다.

그 무렵에는 독립군도 전날과는 비교가 되지 않을 만큼 화력을 갖추고 있었다. 기관총과 박격포도 몇 정을 보유했다. 개개인 병사에게는 총탄 200알씩이 분배되었다. 탄띠를 소지한 병사는 어깨에 X자로 엇걸었고, 그렇지 않은 병사는 자루에 총탄을 넣어 둘러멨다. 뿐만 아니라 각자에게 소금물을 묻힌 주먹밥도 한 뭉치씩 지급되었다.

날이 밝아 21일을 맞았다.

산 계곡 입구 쪽에는 이범석 연성대장의 지휘를 받는 '여행단'이 매복을 하고 있었다. 활엽수들은 낙엽이 지고 있었으므로 더러는 갈대나 마른 나뭇가지로 위장을 했다.

산마루 쪽에는 김좌진 장군이 통솔하는 제2선 병력이 진을 쳤다. 야트막한 능선에 부챗살처럼 장병이 흩어져 공격 지점에 시선을 집중하고 있었다.

오전 9시경에 야스카와 소좌가 거느린 제73연대 선발대가 도착했다. 독립군은 숨을 죽이고 그들이 사격권 안으로 들어오길 기다렸다. 그들 선발대는 아무런 움직임이 발견되지 않았으므로 매복 지점을 지나쳐 산기슭을 타고 오르기 시작했다. 이윽고 후속 본대도 사격권 내로 행군해 왔다.

이범석 연성대장의 총성을 시발로 하여 사방에서 탄환이 빗발쳤다. 산마루에서는 박격포가 불을 뿜었다.

계곡에서 불시에 기습을 당한 일본군은 우왕좌왕하다가 총알을 맞고 시체가 되어 포개졌다. 30, 40분의 총격전에서 그들은 100여 명의 전사자를 내고 허둥지둥 후퇴했다.

잠시 총성이 뜸해지자 고요가 산속을 휘감았다. 그때 김좌진 장군이 척후병으로 보냈던 사병으로부터 봉밀구 방면에서 나카무라 대대가 후원 부대로 행군해 온다는 보고를 받았다.

오늘 전투는 이만하면 대승을 거둔 것으로 판단하고 협공을 당할 우려가 있는 이 지역을 벗어나야 한다고 생각했다. 그래서 그의 제2선 부대를 이도구로 이동하면서 제1선 병력으로 하여금 후방을 경계케 했다.

일본군에서 많은 사상자가 난 것에 비하면 북로군정서 측 병력 손실은 사망 20명, 중상 3명, 그리고 약간의 경상자 정도의 상대적으로 미미한 수준이었다.

이 날 오전의 백운평 전투가 청산리 대접전의 시작이었다.

같은 날 오후, 홍범도 장군의 독립군 연합 부대는 이도구 완루구 어랑촌에서 적을 기다렸다.

멀리서 포성이 울린 듯도 했다. 그렇다면 오늘 일본군이 나타날 게 틀림없었다. 역전의 산악 전투 맹장 홍범도 장군은 예상을 뒤엎고 뜻밖의 병력 배치를 하달했다. 즉, 지형상으로 중심이 되는 중앙 고지에 예상대로 진지를 구축하게 하고, 주력은 측면 기슭 요소요소에 분산시켰다.

중앙 고지에는 사령부 깃발을 펄럭이게 했고 징과 꽹과리를 울려서

누가 보아도 지휘소라고 여기게끔 만반의 준비를 갖추었다.

용정에 주둔하고 있던 아즈마 소장은 홍범도 장군의 명성을 귀가 따갑게 들어오던 터라 직접 나서서 공을 세울 작정을 했다. 그래서 북로군정서 공격은 보병 제73연대에게 맡기고 이쪽으로는 스스로 대병력을 이끌고 나선 것이다.

부대 편성만 보더라도 놀라운 규모였다. 보병 제37여단 사령부, 제74연대 제2대대 및 기병, 야포병이 포함된 대부대였다. 그들은 완루구로 들어와 멀리서 관측을 하고는 병력을 두 갈래로 나누어 진격시켰다. 북완루구와 남완루구 골짜기를 타고 중앙 고지를 협공하자는 거였다.

먼저 산에 불을 질렀다. 양켠에서 돌격하면 독립군이 골짜기 가운데로 몰려 내려올 것이라 예상하고는 산불을 지른 것이다. 낙엽이 쌓이고 나무에도 갈잎이 매달린 계절인지라 순식간에 불길이 번졌다.

이때의 독립군 연합 부대는 병력 수에서 가장 강력하여 1,000여 명을 헤아렸다. 좋은 엄폐물에 몸을 가리고 결사적으로 항전했던 만큼, 전투가 치열해질수록 일본군의 손실이 클 수밖에 없었다. 오후 내내 접전이 계속되었다.

이윽고 산속에 땅거미가 내리기 시작했다. 일본군 사령관은 어둠이 짙어지기 전에 중앙 고지를 점령하고자 하급 지휘관을 다그쳤다. '돌격, 앞으로!'라는 구호가 염라대왕의 발악처럼 곳곳에서 터져 나왔다.

양쪽 산기슭을 타고 오른 일본군들이 중앙 고지에 접근하여 기관총탄 세례를 퍼부었다. 야포 공격도 드셌다. 어둠 속에서 쥐새끼 한 마

리도 살아남을 수 없도록 화력을 쏟아 부은 셈이다.

그런데 홍범도 장군이 이를 간파하지 않았을 리 만무했다. 어둠이 내리는 틈을 이용해 중앙 고지의 예비대를 다른 은신처로 빼돌렸다. 측면 기슭의 주력 부대도 짐짓 후퇴하는 척, 고지로 몰리는 시늉만 보이고는 감쪽같이 사라졌다.

그래서 일본군들은 저희들끼리 죽기 살기로 사격을 하고 응사를 했던 셈이다. 홍범도 장군은 야음을 이용한 지략가였다. 또 미리 퇴로를 궁리해 놓고 적들이 서로 싸우게 유도한 전술가였다.

아마도 일본군으로서 이러한 우스꽝스럽고 또 치욕적인 패전은 기억조차 하기 싫을 것이다. 불리한 시간대임에도 공격의 고삐를 더욱 옥죈 것은 순전히 아즈마 소장의 공명심 탓이었다.

홍범도 장군 휘하의 병력은 유유히 제2전투장으로 지목해 둔 지점으로 옮겨 갔다. 병사들도 그 날의 승첩에 기뻐하며 피로한 줄도 몰랐다.

이 승전보는 대한민국 임시 정부가 자리 잡은 상해에 알려져 애국지사의 가슴을 한층 뜨겁게 만들었다. 독립 단체에서 발행하던 〈진단〉이란 잡지에 이 어랑촌의 승첩을 다음과 같이 보도했다.

조선군 사령 홍범도는 화룡 부근 삼림 지대에서 일본군에게 포위되었다. 일본군은 각 요로에 불을 지르는 한편, 기관총 부대를 잠복시켜 홍범도 부대가 탈출하는 것을 궤멸시키려 했으나 홍(범도) 역시 일찍이 그 계략을 알아채고 교묘히 퇴각했다. 삼림을 많

이 태웠음에도 홍의 부대는 행적조차 찾을 수 없었다. 일본군 한 공격대가 중심 지대에 진출해서야 비로소 홍의 부대가 탈출했음을 알게 되어 뒤쫓았다. 그들이 행군해 가던 중에 일본군의 매복, 배치된 기관총 부대가 이를 발견하고 홍의 군대라 오인하여 사격한 결과 일본군이 다수 사망했다.

이 잡지에선 일본군의 전사자가 1,200명이라고 밝히고 있으나, 이는 과장된 숫자인 듯하다. 믿을 만한 기록에 의하면 400~500명이었다고 한다.

전투는 여기서 끝나지 않았다.

백운평 전투를 치른 직후 김좌진 장군의 북로군정서군은 일본군의 추격에 쫓겨 밤새 120리를 강행군하여 이튿날 새벽 갑산촌에 도착함으로써 일본군의 포위망에서 벗어났다.

이때 갑산촌 주민들로부터 인근의 천수평에 일본군 기병 1개 중대가 주둔해 있다는 정보를 입수하고는, 다시 1시간 가량 강행군을 하여 천수평에 이르렀다.

북로군정서는 이범석 연성대장이 이끄는 병력만이 전투력이 높을 뿐, 그 외에는 나이가 많은 독립군과 비전투원들도 있어서 일본군을 대적하기에는 힘이 부쳤다.

그렇지만 일본군에 대한 높은 적개심과 나라를 구하겠다는 애국심으로 사생결단 항쟁에 임했다.

한편, 홍범도 장군의 독립군은 완루구 전투에서 혁혁한 전과를 올리고는 득미구를 거쳐 안도 방면으로 이동하려던 참에 북로군정서 부대에서 낙오한 30여 명의 병사와 맞닥뜨렸다.

"너희들은 어디로 가는 병사냐?"

홍범도 장군이 물었다.

"김좌진 장군님의 부대원입니다만, 격전을 치르느라 부대를 잃고 말았습니다."

"그게 아니지. 하지만 이런 판국에 사정을 세세히 따지진 않겠다. 그래, 김 장군 부대가 어디에 머물러 있느냐. 바른대로 말하면 죄를 묻지 않겠다. 알아듣겠느냐?"

모두들 우물쭈물하며 대답하기를 꺼리는 듯했다. 홍범도 장군의 불호령이 떨어졌다. 그제서야 한 늙수그레한 병사가 기어들어 가는 목소리로 이실직고했다.

"사실을 말씀드리면, 지금 어랑촌 인근에서 왜적들과 대적하고 있습니다. 워낙 대군과 맞서 싸우고 있기에 명을 보존하기가 어려운 지경입니다."

"좋다. 내 약속한 바대로 너희들을 군율로 다스리진 않으마. 그러나 나를 따라 전투에 임해 그 불명예를 씻도록 해라."

홍범도 장군은 즉시 명령을 내려 부대를 천수평 쪽으로 행군하게 했다. 격렬한 전투를 치른 뒤, 배불리 먹지도 못한 채 연일 강행군을 한 독립군들인지라 피곤에 찌들어 있었지만, 병사들은 기꺼이 사령관의 명령에 따랐다. 홍범도 장군이 곁에 있는 한 언제나 승리할 것이라는 확신이 섰기 때문이었다.

이런 확신이야말로 홍범도 장군을 '살아 있는 전설'로 만든 핵심 요소였다. 전투에 임한 독립군뿐만 아니라 승전을 전해 들은 옌볜의 한인들 가슴에도 그는 살아 있으며 움직이는 전설이었다.

북로군정서를 압박하여 마지막 숨통을 끊어 놓겠다고 벼르던 일본군은 등 뒤에서 느닷없이 공격해 오는 화력에 화들짝 놀랐다. 아즈마 소장은 혼비백산했다. 완루구에서 그토록 자신을 조롱한 독립군 연합 부대가 배후에서 불시에 공격해 올 줄이야 꿈엔들 알았으랴.

홍범도 장군 부대가 원호군으로 가세했다는 게 북로군정서 병사들에게 알려지자 그들도 용기백배했다. 전투는 병사의 사기에 전적으로 좌우된다. 삽시간에 전황은 역전되어 일본군이 허둥지둥 꼬리를 내리고 후퇴해 갔다.

이 전투 상황을 보고한 용정 일본 총영사관의 비밀 보고서에는 가노 연대장을 비롯해 대대장 2명, 소대장 9명, 장병 800여 명이 전사했다고 기록되어 있다. 독립군 투쟁사에서 길이 빛나는 대목이다.

세 차례의 큰 전투에서 승리한 홍범도 장군의 독립군 연합 부대는 어랑촌 승전(완루구나 천수평도 어랑촌에 속해 있어 포괄적으로 이렇게 부름)을 끝으로 연합을 해체했다. 각 부대로 나뉘어 각각 행동하기로 한 것이다.

홍범도 장군은 원래의 대한독립군 병력 330명을 이끌고 25일 저녁 고동하라는 곳에 도착했다.

이 정보는 곧 정탐꾼에 의해 일본군에게 알려졌다. 그들은 독립군이 분산되어 전날과 같은 전투력이 없다는 데에 안도하고 1개 부대를 출동시켰다.

하지만 홍범도 장군은 적군 정찰대가 올 것을 미리 예감하고 속임수를 썼다. 큰 전투의 승전에 도취한 양 병사들이 느긋하게 휴식을 취하는 것처럼 위장했다. 그러나 어둠이 내릴 무렵에는 정예 병력을 수풀 속에 잠복시키고는 숙영지 앞에 모닥불을 피웠다. 멀리서도 불길이 훤히 바라보였다.

일본군은 밤이 깊기를 기다렸다. 보나마나 독립군들이 심신이 지쳐 깊은 잠에 곯아떨어지리라 생각했던 것이다. 과연 숙영지 부근은 밤이 깊자 조용하기 짝이 없었다.

적들은 아주 조심스럽게 숙영지를 에워싸고 접근해 왔다. 그들이 야영지 천막을 향해 집중 사격을 가하자 엉뚱한 곳에서 독립군이 응사를 해 오는 게 아닌가.

'아뿔사, 또 덫에 걸렸구나.'

이런 후회가 드는 찰나, 일본 병사들이 픽픽 쓰러졌다. 그들은 1시간을 채 버티지 못하고 퇴각했다. 잠복지 안으로 들어왔던 일본군 2개 소대 병력, 즉 100명 가량의 전사자를 내고는 황급히 도망쳐 갔다.

이 전투는 홍범도 장군이 옌볜에서 벌인 수많은 접전에서 마지막

대미를 장식한 싸움이었고 승전이었다. 일본군이 증강해 가는 데 반비례하여 독립군의 수와 군수품 보급이 여의치 않자 근거지를 러시아 연해주로 옮겨 간 뒤 다시는 일본군과 전투할 기회를 잡지 못했기 때문이다.

우리 역사에서 '청산리 전투'라고 불리는 건 앞에서 자세히 적은 크고 작은 싸움을 통틀어서 일컫는 말이다. 즉, 1920년 10월 21일부터 26일까지 6일간 싸움을 벌인 백운평, 완루구 어랑촌, 고동하 전투가 그것이다.

이 기간에 일본군의 희생이 전사자 1,200명을 헤아린 데 반해 독립군은 200명에 불과했다. 일본군으로 하여금 더욱 망연자실케 한 건, 자기들끼리 총을 난사하여 400명이 목숨을 잃은 사실이었다.

특히 연대장이라는 고급 장교를 전사시킨 것을 큰 부끄러움으로 여겼다. 게다가 그토록 악착스럽게 홍범도 장군을 제거하겠다는 계획도 수포로 돌아간 만큼 깊은 모멸감에 빠져들지 않을 수 없었다.

홍범도 장군은 이 전투에서 허벅지에 총상을 입었다. 그는 붕대로 감은 불편한 다리를 이끌고 전투를 지휘했다. 불사조와 다를 바 없는 투혼이었다.

일본군은 청산리 전투에서 연전연패하자 그 분풀이를 애꿎은 민간인한테 쏟아 부었다. 그 대표적인 사례를 몇 가지만 들면 이러한다.

김좌진 장군에게 호되게 경을 친 야마다 대좌의 제73연대와 나카무라 대대는 참패하고 퇴각하던 길에 백운평 마을에 들러 잔인한 살육을 감행했다. 남자라면 젖먹이 아이까지 모두 집 안에 모아 가두고는 불을 질 렀다. 혹 불길에 휩싸여 뛰쳐나오는 사람이 있으면 총격을 가했다.

그 후 이런 말이 한인촌에 떠돌았다.

"백운평에는 남자 한 사람이 살았고 여자 한 사람이 죽었다 한다."

무슨 말인가 하면, 이 북새통에 한 남자가 산속으로 피신해 목숨을 건졌는가 하면, 한 아낙네는 남편과 자식이 불타 죽는 걸 보고는 자신만 살아서 무얼 하겠느냐며 불길 속으로 뛰어들었다는 거였다.

봉오동도 마찬가지였다. 남자는 갓난애까지 죽였는데 이 마을에서도 한 남자가 여자 치마 저고리를 입고 여자 시늉을 해서 겨우 살아남았다. 그 마을은 완전히 잿더미로 변했다. 어떤 산간 마을에선 일본군의 명령을 따르지 않는 사람을 군도로 배를 가르고는 생매장을 시켰다. 못된 일본군은 독립군 거처를 알려 주지 않았대서 민간인의 두 눈을 도려냈는가 하면, 사지를 잘라 버린 만행까지 벌였다.

그 해가 경신년이라 하여 민간 마을이 당한 살상을 두고 일본군은 '경신년 대토벌'이라 이름 붙였다. 피해가 미친 지역은 훈춘, 연길, 화룡, 왕청 4개 현에 걸쳤다. 비공식 집계로는 이때 무고한 민간인 3,500명 넘게 죽임을 당했고 5,000여 명이 체포되었다 한다. 민가가 불탄 것이 3,100여 호, 50여 개 소의 학교도 파괴되었다. 독립군에게 식량을 조달할 것이라는 추정으로 양곡 4만 5천 석이 불태워졌다.

이런 형세이고 보니 각 독립군 부대들은 옌볜에 발을 붙이기가 더욱 어려워졌다. 불에 타고 그슬린 땅을 '초토'라 하는데, 일본의 극악

무도한 초토화 작전은 소기의 성과를 거둔 셈이었다.

사람의 가슴에 멍이 들고 산하도 핏빛 눈물을 흘린 시절이었다.

11월에 홍범도 장군의 대한독립군은 안도현 황구령 부근으로 이동했다. 병사들 다수가 만주 지방 옌볜에 가족을 두어서 귀향을 희망하든가 몰래 이탈하는 경우가 늘어났다. 이때의 병력은 140명 남짓했다.

다른 부대의 사정도 마찬가지였다. 독립군은 일본의 초토화 작전과 강대한 군사력을 피해 옌볜을 뒤로 하고 북쪽으로 걸음을 옮겼다. 북로군정서는 왕청현 소삼차구로, 신민단군은 서대파를 지나 나자구로, 국민회군은 삼도구 서쪽의 맹가동 부근에 잠시 머물렀다.

그러다가 12월에 홍범도와 김좌진 장군의 '군고서'(군대에서 발령하는 고지문)에 따라 북만주 밀산현에 9개 무장 단체들이 속속 집결했다. 결전의 날이 닥쳐 오면 뭉치는 길밖에 없음을 알고는 전 독립군을 한 지휘 계통에 묶어 재편성했다. 그때의 지휘 계통 구성원은 기록에 따라 조금 차이가 있지만 대개 이러하다.

총　재　서　일
부총재　김좌진　조성환
총사령　홍범도
부사령　이청천
참모장　이장령
대대장　김규식　윤경천　김창환

부대 편성은 총 병력 3,500여 명을 3개 대대로 나눴으며, 1개 대대를 3개 중대로, 전체 27개 소대로 했다. 하지만 이들이 주둔해 있던 밀산 당벽진은 인가가 적어 많은 병력이 엄동설한을 넘기기가 불가능했다. 게다가 일본의 대병력이 북만주를 향해 올라오고 있다는 보고가 있었다.
　어찌할 것인가? 옌볜 지방으로 되돌아갈 수는 없고, 더구나 국내로 들어간다는 것은 자폭하겠다는 거나 다름없었다. 그렇다고 식량이 떨어져 가는 판에 허허벌판에서 그대로 머물 수도 없는 일 아닌가.
　그 무렵에는 시베리아에서 벌어진 홍군(레닌을 따르는 공산당 혁명 세력)과 백파군(제정 러시아의 회복을 꾀하는 보수 세력)의 내전도 어지간히 평정되어 갔다. 그래서 조선 땅에서 두만강을 건너 러시아 땅으로 넘어가는 한인이 많았다. 연해주 일대에 18만의 동포가 흩어져

살기에 이르렀다.

 1921년 1월. 칼바람이 살을 에는 듯한 한파를 무릅쓰고 독립군 군단이 앞서거니 뒤서거니 하며 시베리아 쪽으로 행군했다. 홍범도, 김좌진, 최진동, 안무, 이청천 등 독립군의 맹장들이 옌볜을 하직하는 장면이다.

 '아, 하늘도 무심하지. 우리들을 뒷바라지하느라 옌볜 동포들이 얼마나 허리띠를 졸라맸으며, 심지어 애비를 잃고 집이 불태워지지 않았는가. 이제는 더 갈 곳이 없어 저 노령으로 넘어가는 신세로구나. 거긴들…… 노동자·농민의 정권이 들어섰지만 오랜 내전으로 한인들이 지쳐 있을 게다. 내 사랑하는 병사들에게 따뜻한 밥 한 술 먹게 해 줄 수 있을까 그게 걱정이다.'

 홍범도 장군의 심정은 이처럼 참담했다.

 혹독한 추위와 싸우는 행군이 이어졌다. 일본군과 맞닥뜨려 전투를 벌인 적도 있었다. 이청천 장군은 호림에서 강을 건너던 중 기습을 받고 한 차례 격전을 치르기도 했다.

 그러나 그 달, 독립군 군단은 우수리 강(중국에서는 헤이룽 강이라 부르는 아무르 강과 합쳐 중·러 국경을 가르는 강)을 건너 소비에트 변경 도시 이만에 도착했다. 그때부터 홍범도 장군은 이역만리 사람이 되고 말았다.

11. 타국 땅에서

당시 러시아의 정세는 역사의 소용돌이에 한참 휘말려 있었다.

레닌이 주도하는 사회주의 혁명이 일어나자 그 여파를 걱정한 서방 세계 여러 나라가 붉은 군대(앞서 말한 홍군)를 진압하고자 파병했다. 미국·영국·프랑스가 도합 1만여 명의 군대를 파견한 데 비해서 일본은 2만 8천의 대병력을 연해주에 진출시켰다.

일본은 겉으로는 볼셰비키 혁명을 저지하고 황제가 다스리는 제정을 회복시키겠다는 명분을 내걸었으나 내심으론 독립 운동을 전개하는 한인 세력을 말살하겠다는 속셈이었다.

그래서 소비에트 측으로선 한인 독립 무장 세력이 자기네 땅으로 들어와 백파군이나 일본군과의 싸움을 거들어 주기를 바랐다. 그러나 시일이 지날수록 일본이 이를 핑계로 연해주에서 철수하지 않을까 봐 조바심이 나 달갑지 않게 여기게 되었다.

러시아는 워낙 큰 영토를 지닌 나라여서 중앙 정부와 원동 지방 정부, 지방 정부의 행정력과 붉은 군대의 군권, 혹은 공산당 명령으로 세력 판도가 복잡미묘하게 얽혀 있었다.

앞 장에서 잠시 설명했듯이, 사회주의 혁명 세력과 손을 잡은 한인 단체들도 두 쪽으로 쪼개져 대립하고 있었다. 소비에트 국적을 취득한 한인들의 단체인 '전로 고려 공산당'은 소비에트 지방 정부의 지시를 따랐고, 그렇지 않은 '고려 공산당'은 상해 임시 정부의 뜻을 받아들였다.

이러한 상황에서 만주 밀산에서 결성한 독립군단이 러시아 땅에 들어선 것이다.

그때, 시베리아 홍군(빨치산 부대)은 한인들로 단위 부대를 만들었는데 이를 '한인 자유대대'라 불렀으며 지휘관은 오하묵이었다. 독립군단은 타국으로 넘어온 처지여서 정치적으로는 '전로 고려 공산당'에 의지하게 되고, 군사적으로는 오하묵의 도움을 청할 수밖에 없었다. 곧 오하묵의 주선으로 독립군단 지도자들과 소련(소비에트 연방의 약자) 원동 지구 아무르 주의 치타 정부 사이에 군사 협정이 체결되었다.

한국의 해방과 일본군의 축출을 위해 소비에트가 독립군단을 무상으로 원조하겠다는 것이 이 협정의 주요 내용이었다. 실제로 대포와 기관총·소총 같은 무기류와 군복이 상당량 원조되었다. 홍범도 장군으로서는 우선 힘이 솟지 않을 수 없었다.

그 해 3월에는 이미 연해주에서 홍군에 협력하여 전공을 세운 바 있는 한인 부대와 국경을 넘어온 독립군단이 연합하여 이만에서 '대한 의용군 총사령부'를 구성했다. 박일리아가 지휘하는 '니항군'(니콜라

예프스크의 한자 표기명) 등이 새로 가담한 부대였다.

다음 달에는 크고 작은 반일 무장 세력이 총집결하여 '대한의용군 총사령부'를 '대한독립단'으로 바꾸고 지휘 체계도 다시 확정했다. 그 명단은 아래와 같다.

총   재   서 일
부 총 재   홍범도
외교부장   최진동
참모부장   김좌진
참   모   이장령 나중소
군사고문   이청천
제1여단장   김규식
제2여단장   안 무

이를 계기로 대한독립단은 이만에서 자유시 부근으로 옮겨 러시아 홍군 교관을 초청해 신식 군사 훈련을 받았다. 자유시란 헤이룽 강을 사이에 두고 중국 땅의 흑하란 도시를 마주보며 자리 잡은 알렉셰브스크란 도시를 일컫는다.

소비에트는 세계 약소민족의 해방을 지지한 터여서, 일찍부터 연해주의 한인들이 자유와 해방을 도모할 수 있도록 이곳에 자유로운 활동을 보장했던 데서 붙여진 이름이다.

아! 그러나 자유시에서 한인 병사들이 무참하게 대학살을 당할 줄이야……

역사에 '자유시 참변'(중국 흑하와 마주한 지형 탓으로 '흑하 사변'으로 불리기도 함)으로 기록되는 비극적인 사건의 실상은 이러했다.

일본은 거듭해서 소비에트 정부에 대해 연해주 한인 세력의 제거를 요청했다. 소비에트에선 처음엔 한인 독립 무장 세력을 우호적으로 받아들였지만 차츰 마음이 달라졌다.

내전으로 나라 안이 어수선한데 강력한 군국주의 일본과 갈등을 지속시키고 싶지 않았기 때문이다. 사실 소련은 제1차 세계 대전 때 독일과의 전쟁으로 국력이 소모된데다, 계속되는 내전으로 지칠 대로 지쳐 있었다.

일본을 다녹거릴 필요가 있었던 치타 정부(소련의 한 하부 행정 구역)는 은근히 '대한독립단'의 명칭을 없애고 그 병력을 홍군에 편입시키자고 압력을 가해 왔다.

그러나 홍범도, 김좌진, 최진동 등 독립군의 기둥들이 그런 제의를 받아들일 리가 없었다. 나라의 독립을 쟁취하기 위해 총을 잡은 것이지, 소련의 장교가 되기 위해 이 고생을 겪은 것이 아니었으니까. 그러자 치타 정부나 홍군 간부들의 친선적인 태도가 싹 사라졌다.

게다가 대한독립단 내에서도 결집력을 잃고 분파적인 행동이 나타났다. 전부터 연해주에서 활동한 부대와 만주에서 넘어온 독립군단 간에 근본적인 융합이 어려운 터였다. 그런데다 연해주에서 기득권을 가진 부대조차 두 갈래로 맞서게 되었다.

군권 장악을 두고 충돌한 것이다. 홍군과 '전로 고려 공산당'을 배경으로 삼은 오하묵에 대항하여 '니항군' 지휘자 박일리아가 '고려 공산당' 지도자와 손을 잡고는 보병 자유대대를 무장 해제시키는 돌발사태가 벌어졌다.

이에 오하묵이 앙심을 품고 이르쿠츠크의 공산 국제 동양국에 교섭하여 '임시 고려 군정회'를 창설했다. 그리고 연해주와 아무르 주의 모든 한인 무장 단체를 통제하는 권한을 쥐게 되었다. 대한독립군단 지도자들은 대의 명분에 따라 박일리아의 세력(니항군은 이때 '사할린 의용대'로 개칭됨)과 가까워졌다.

하지만 국권이 엄연히 소비에트에 속한 땅인데 어떻게 공산당 통제권을 무시할 수 있을 것인가. 그들이 바라는 대로 협상 테이블에 나가서 내키지 않는 합의에 서명을 하지 않으면 안 되었다.

그 합의란, 앞으로 모든 항일 무장 단체는 상해 임시 정부와 관계를 끊는다는 것과, 공산당 본부의 지휘권을 인정하며, 대한독립군단의 본영을 이만에서 자유시로 옮겨 온다는 내용이었다.

이 합의에 따라 6월 2일엔 홍범도 휘하의 원래 대한독립군 400여 명이 자유시로 이동했다. 이어서 안무의 원래 국민회군, 최진동의 원래 독군부 병력이 속속 도착했다. (하지만 서일, 김좌진, 이범석의 북로군정서 병력은 이에 따르지 않았다.)

박일리아의 사할린 의용대는 명령에 불복종할 기세를 보이다가 마지못해 자유시 교외에 머물면서 사태를 관망코자 했다.

　이 자유시 회동에서 오하묵의 주장대로 전체 무장 단체들이 고려혁명군이란 이름 밑에 편입되며, 각 부대별로 묶어 3개 연대와 1개 경비대를 조직했다. 이러한 결정이 사할린 의용대에 뒤늦게 전달되었지만 박일리아는 이 명령에 저항했다.

　그러자 그 달 28일에 오하묵이 이끄는 부대와 소비에트 홍군 제29연대 병력이 사할린 의용대 주둔지를 포위했다. 홍군 연대장이 본부로 들어가 설득했으나 결실을 얻지 못했다. 오후 4시에 장갑차 2대와 30여 정의 기관총, 600여 기마대를 앞세우고 총공격에 돌입하여 밀물처럼 밀려 들어갔다.

　주둔지에는 박일리아의 부대뿐만 아니라 고려 혁명군에 편입되길

거부하던 많은 독립군 부대도 함께 있다가 날벼락을 맞았다. 우수한 화력에 밀려 헤이룽 강으로 후퇴해 갔으나, 뒤로는 빗발치는 총알이고 앞으로는 검은 흙탕물 물결뿐이었다. 극소수의 장병만이 헤엄쳐서 강을 건너 중국 땅 수풀 속에 몸을 숨길 수가 있었다.

이 충돌에서 사할린 의용대 측 병력은 사망자 272명, 익사자 31명, 행방불명자 250명 그리고 포로가 917명에 이르렀다. 이때 화를 입은 독립군 출신은 여우를 피하려다 호랑이 굴로 뛰어든 격이었다.

홍범도 장군은 독립군 동지들이 무참하게 살육당한 전말을 듣고 눈물을 금치 못했다. 무기력증이 전신을 휘감았다. 항일 전선에 투신한 지 20여 년 끝에 이런 꼴을 보게 되다니!

소비에트 홍군에서는 자유시의 고려 혁명군을 홍군 제5군단에 배속시킨다는 명령을 내리며 즉시 이르쿠츠크로 이동하게 했다. 홍범도 장군은 여기서 제2여단 제1대대장에 임명되어 새로운 세계에 발을 들여놓게 되었다.

1922년 1월에 소비에트의 수도 모스크바에서 '극동 공산주의적 혁명 조직 제1차 대회'('극동 약소 민족 대회'라고도 함)가 열리자 홍범도 장군도 한인 대표자의 한 사람으로 이 회의에 참석했다.

이 회의 기간 중에 홍범도 장군은 공산주의의 아버지라 일컬어지던 레닌과 접견하는 시간을 가졌다. 그 자리에서 레닌은 이 전설적인 항일 의병장 출신의 홍군 장교에게 마르세르식 모젤 권총 한 자루와 소비에트 금화 100루블을 장려금으로 주었다.

그 일을 홍범도 장군은 일지에 다음과 같이 기록했다.

……나도 레닌 동지의 후원을 많이 받았다. 레닌께서 나를 불러 오라는 연통이 내려오므로 들어가 레닌을 뵈었으며 묻는 말씀에 대답하기도 했다. 자유시 사변을 묻자 그에 답했다. …… 활동사진을 찍기도 했다.

그 해 10월에 드디어 일본 침략군도 원동 지방에서 군대를 철수했으므로 러시아 전 국토에서 전란은 종지부를 찍었다. 대대적인 제대 바람이 불어닥치자 홍범도 장군도 군복을 벗었다. 나이도 어느덧 쉰다섯이니 인생의 내리막길에 들어선 게 아닌가.

이제부터 무슨 일에 매달려 살아갈 것인가. 지금까지는 나라의 독립을 이루겠다고 산속을 헤집고 다녔다. 의병을 모으고 무기와 군량미를 확보하기 위해 노심초사했다. 일본군을 기습하고 전리품을 챙겼다. 여러 전투에서 사력을 다해 싸워 원수의 심장에 칼을 박았다.

그런데 이제 마음은 상처를 입었고 몸은 쇠약해졌다. 돌아갈 곳이 어디란 말인가? 아무 데도 마음 편히 누울 만한 자리가 없었다.

연해주 사회상도 급변하고 있었다. 소비에트는 전란으로 전국토가 피폐하고 식량 생산이 급감한 탓에 인민을 사회주의식 경제 건설 사업에 적극 참여시키고자 다그쳤다. 한인들도 비교적 자유롭게 생업에 종사해 오다가 중앙의 정책에 따라 농업으로 전환하기 시작했다.

그 무렵에 소련은 개인 영농에서 벗어나 생산고를 높일 수 있는 농업 협동조합 설치를 권장했다. 공동으로 농장을 운영하는 곳에는 트랙터와 콤바인 등 농기계를 공급하는 조치를 취하기도 했다.

민간인으로 돌아온 홍범도 장군은 여태껏 자기만을 따르는 옛날 독립군 부하들의 생계를 걱정하지 않을 수 없었다. 그들을 이끌고 이만의 카자린 구역에 정착하기로 했다.

지방 행정 당국으로부터 땅을 얻어서 농장을 개척했다. 러시아 말로 '콤무나'라 하는 협동 농장에서 농장 지도자로 변신한 것이다. 반생애를 총대만 잡고 살았지만 한때 군자금을 마련하려고 노동판에서 일하고 농사에 힘을 쏟은 적도 있었다.

이제는 농장 일꾼이 된 부대원을 독려해 가며 열심히 농사를 지었으나 소득은 그다지 크지 않았다. 워낙 경제가 바닥에 내려앉은 상태인데다, 수확물을 헐값에 정부 기관에 수납해야 했기 때문이다.

옛 부하들이 땀 흘려 일하고도 배부르게 먹지 못하는 걸 보고는 가슴이 쓰라렸다. 이런 사정은 비단 이 협동 농장에 국한된 건 아니었다. 모든 소비에트 인민의 공통된 사정이기도 했다.

갖가지 생각이 뇌리를 스쳤다.

'생사고락을 같이했던 독립군 지도자들은 대개 중국으로 넘어갔다지. 서일 동지는 세상을 떠났지만 늘 그분과 함께 했던 김좌진 장군은 어디서 무얼 하고 있을까. 이청천, 이범석 같은 이는 나이가 있으니 더 큰 일을 이룰 테지.'

그때만 해도 홍범도 장군은 군복을 입고 레닌으로부터 받은 마르세르식 권총을 즐겨 허리에 차고 다녔다. 그의 명성을 익히 듣고 있던 당국이나 경찰들도 이를 문제 삼으려 들지 않았다. 더구나 레닌이 직접 건네준 선물이어서 더욱 그랬다.

5년간 카자린 구역에서 콤무나의 관리 위원장을 맡았던 홍범도 장군은 1928년에 한카이 구역의 '한카이 별' 협동 농장으로 옮겨 갔다. 그후, 중앙에서 협동 농장의 성과가 신통치 않자 집단 농장(콜호즈) 형태로 전환시킬 것을 권장했으므로 앞서의 농장이 '신두히네츠 콜호즈'로 개명되었다.

러시아 인이 중심이 된 집단 농장은 차츰 기계화되어 가고 있었지만 이쪽 시베리아 변두리에서 한인이 중심을 이룬 콜호즈는 여전히 재래식 영농 방식에 매달릴 수밖에 없었다.

그 흔한 말 한 필이 없어서 땅을 갈 때는 회원(집단 농장에 소속된 인부를 이렇게 부름)이 어깨에 밧줄을 걸어 가래질을 했다. 그런 대로 조 21헥타르, 콩 2헥타르를 경작해 대풍작을 거두기도 했다.

이처럼 홍범도 장군이 앞장서서 집단 농장을 잘 이끌어 가던 중에 당국에서 이들을 다른 곳으로 보내라는 지시가 떨어졌다. 한 장의 명령서로 인구 이동을 재량껏 시행하던 과거 소련식 사회의 한 단면이었다.

이에 홍범도 장군은 중앙의 실권자 칼리닌에게 청원서를 보냈다. 한인들은 농사를 잘 지어 인민의 복지 향상에 크게 이바지하니 선처를 바란다는 내용이었다. 이 청원을 모스크바 당국이 받아들였다.

홍범도 장군은 원하는 드넓은 땅을 확보하고는 평소에 희망해 오던 논 농사에 주력했다. 관개 공사를 하고 12마력짜리 양수기도 마련하여 70헥타르의 논에 벼를 심었다. 황무지가 옥답으로 변했고, 거기서 많은 알곡식이 거두어졌다. 홍범도 장군은 사회주의 소비에트 농장 사업의 역군이 된 것이다.

12. 적막한 말년

　1920년대의 소련은 사회주의 건설과 경제 재건을 위해 혼신의 힘을 다 쏟던 시기였다.

　혁명의 지도자 블라디미르 일리치 레닌이 1924년에 죽자 곧 치열한 권력 투쟁이 벌어졌다. 가장 강력한 후계자로는 비교적 온건 노선을 걸어 온 트로츠키였으나 뜻밖에도 레닌의 충복임을 자처한 스탈린이 정적들을 쓰러뜨리고 정권을 잡았다. 그는 '강철 사나이'란 뜻의 이름대로 철권을 휘두르며 역사상 유례를 찾기 힘든 독재자로 군림했다.

　세상은 꽁꽁 얼어붙었다. 누구도 불평·불만을 겉으로 드러낼 수 없던 공포 시대였다. 볼셰비키의 노병들, 붉은 군대의 최고위 장성을 비롯하여 많은 인사들이 한밤중에 비밀경찰에게 연행당해 종적이 묘연해진 경우가 비일비재했다.

　사회 전체가 살얼음을 걷는 형국이었다. 콜호즈(집단 농장) 구성원인 한인들도 묵묵히 일만 해야 일신이 안전할 수가 있었다.

　1929년을 맞아 홍범도 장군은 사회주의 국가의 복지 정책에 따른 연금 수혜자 대접을 받았다. 그 나라에서는 만 60세가 되면 국가에 노력 봉사한 경력에 따라 일정액의 연금이 지급되었던 것이다.

연금 수혜자는 노동에서 면제되는 걸 뜻한다. 홍범도 장군도 일에서 풀려나 한가한 세월을 누릴 수가 있었다. 이 무렵에 이인복이란 이름의 한인 여인을 아내로 맞아들여 새 가정을 이루기도 했다.

홍범도 장군의 체격은 그 나이에도 여전히 장대했다. 이마에는 굵은 주름살이 패이기도 했으나 짙은 눈썹 아래 눈동자는 역전의 용사답게 정기가 번득였다.

그럼에도 때로는 짙은 수심기가 얼굴에 어리곤 했다. 주위 사람들은 옛날의 격전지에서 함께 누렸던 동지가 생각나서 저러려니 했다. 물론 그 시절에 대한 그리움도 작용했겠지만 슬하에 자식이 없는 게 말년을 한층 쓸쓸하게 만들었던 것이다.

일찍이 둘째 아들 용환이를 옌벤 한인촌에, 또는 연해주 추풍 마을에 맡겨 둔 바 있었다. 그런 아들이 폐결핵으로 죽은 뒤 다시는 소생을 얻을 기회를 갖지 못했다.

그 쓸쓸함을 한가로이 호수에 나가 잉어 낚시를 하든가 물오리를 사냥하는 것으로 지워 보려 애썼다.

그 무렵 홍범도 장군의 심정을 정확하게 알 수 있는 기록은 남아 있지 않다. 그러나 살벌한 시대와 날개를 펴지 못하는 자신의 처지를 엿보게 하는 대목이 전혀 없지는 않다.

옛날의 전우 아들이 인사차 들렀을 때, 대한독립군 시절을 떠올리며 모처럼 큰소리로 떠들었다. 그러다 갑자기 목청을 낮춰 소곤거렸다.

"조심해, 걸려들지 않도록 조심하라고."

이것은 스탈린이 지배하던 시절의 소련 사회 정황을 은근히 반영하는 말이다.

그도 극히 조심했을 건 분명했다. 그래도 당국에서는 그가 빨치산 부대에 복무한 경력을 존중하여 나름대로 대접했고, 붉은 군대 창건 기념일 같은 날에는 기념식에 초대하기도 했다.

연해주 한인 사회에서는 여전히 그를 살아 있는 전설로 기억하고 있었다. 각지의 한인 구락부나 학교, 그리고 '소년 선봉대' 야영장에 이따금 초청 연사로 불려 나갔다. 그런 자리에선 으레 항일 전투에서의 무공담을 홍미진진하게 얘기하곤 했다.

세상이 음산한 시대로 치달아 갈 때, 홍범도 장군은 그런 대로 조용한 나날을 보냈던 셈이었다.

1937년, 짧은 여름이 다 가기 전에 정복과 사복 차림의 당국자 몇 명이 그를 찾아왔다. 근황 따위를 인사치레로 묻고 난 다음에 한 사람이 불쑥 말했다.

"홍 동지, 권총 한 자루를 소지하고 있지요? 그걸 반납하시오."

"그게 무슨 말이오? 모젤 권총은 내 소유요. 더구나…… 모를 리가 없겠지만, 그건 레닌 지도자가 내게 특별 선물로 준 것이오."

"그런 건 하등 문제가 되지 않아요. 시대가 바뀌어 민간인이 무기를 소지할 수 없다는 걸 알고 있잖소?"

"난 엄연히 빨치산 부대의 명예 군인이란 말이오. 느닷없이 이런 요구를 하다니, 이해가 되지 않소."

"이유 여하를 불문하고 총기를 회수하라는 상부의 명령이 떨어졌소. 그게 국법이니까……."

홍범도 장군은 어안이 벙벙했다. 그 권총이야말로 만년의 유일한 위안물이지 않던가. 그러나 떼를 쓸 수도, 늑장을 부릴 수도 없는 사안이었다.

당시 그네들은 말마다 국법과 상부의 명령을 들먹였다. 거기에는 아무런 이의를 제기할 수가 없었다. 툭하면 국가 반역자, 반인민분자, 사회를 좀먹는 해충, 음모자와 같은 죄명을 뒤집어씌우던 때였다. 홍범도 장군은 달리 항변할 수가 없어 순순히 권총을 내주었다.

'이거 심상치 않군. 무슨 일이 일어나려는 건가.'

그 느낌은 적중했다.

그 해 8월 원동의 넓은 지역에 흩어져 살던 한인촌에 일대 검거 선풍이 몰아쳤다. 마을의 지도자, 한인에게 영향력이 있는 유지들은 어김없이 한밤중에 체포되어 어디론가 끌려갔다.(소련이 개방된 후에 알려진 사실이지만, 그때 끌려간 한인은 모두 반국가 사범이란 죄명으로 총살당했다.)

원동 지역에서도 태평양과 가까운 연해주 지방에 한인이 많이 살았는데, 검거 사태 후에 촌락마다 강제 이주가 통고되었다. 어떤 지역에선 이주할 곳이 어디인지, 며칠이 소요되며 무슨 교통편으로 가게 되는지조차 알려 주지 않았다.

이것이 우리 해외 동포사에 큰 충격을 안긴 사건의 시초였다. 1937년에 연해주 한인 동포 20만 명을 단 두 달에 걸쳐 저 머나먼 중앙아시아 황무지에 흩뿌려 놓은 강제 이주가 막이 오른 것이다.

실권자 스탈린은 일본 세력의 대륙 진출에 위기를 느꼈다.

'한인촌에 일본 스파이가 숨어들지도 모른다. 그러면 얼굴 생김새가 비슷해 찾아내기가 어렵지 않을까. 안 되겠어. 저들을 모두 중앙아시아 넓은 황무지로 보내 버려야지. 어떻게 먹고 살든 알아서 하겠지……'

이런 의심과 미봉책으로 이주 정책을 강행하게 되었다.

중앙아시아 지역까지는 당시의 열차 운행 사정으로 한 달이 걸리고, 심한 경우에는 두 달이 소요되기도 했다. 농사를 지은 수확은 고사하고, 가재도구를 버린 채 비상 식량조차 제대로 챙겨 가지 못한 한인들은 짐승처럼 화물칸에 태워져 실려 갔다.

홍범도 장군은 가장 먼 지역으로 끌려가는 신세가 되고 말았다. 카자흐스탄 공화국의 서쪽 끝 대사막 저편이었다. 집단 농장 한인들이 나서서 그가 고령에다 국가 공로자임을 상기시켜 겨우 이주지가 변경되었다. 이주 한인의 첫 중심지였던 크질오르다(먼 거리로는 별 차이가 없음)에 살도록 허가를 받았다.

참기 어려운 고난의 세월이었다. 홍범도 장군은 수년간 정들었던 '신두히네츠 콜호즈' 구성원들, 그 가운데 특히 옛 독립군 부하들과 헤어지는 게 가슴이 미어졌지만 참을 수밖에 없었다.

크질오르다는 비교적 큰 도시로 소련 당국이 한인의 거주를 허용한 유일한 곳이었다. 몇 해 동안은 이주민이 많이 집결해 '중앙아시아 지역에서 한인의 서울'이란 말을 들었다.

블라디보스토크에 있던 조선인 사범대학을 비롯해 한글 신문인 〈선봉〉, 한인 라디오 방송국과 한인 극장 등 대표적 문화 시설이 이곳으로 옮겨 왔다.

중앙아시아 지역이란 시베리아 건너편 티베트 고원 서쪽, 이란과 아프가니스탄의 북쪽, 카스피 해 동쪽의 드넓은 지대를 말한다. 소련 시절에는 카자흐스탄, 우즈베키스탄, 투르크메니스탄, 타지키스탄, 키르기스스탄 다섯 공화국이 소비에트 연방에 속해 있었다.

갑자기 강제 이주당해 온 한인의 딱한 사정은 이루 말할 수가 없었다. 일개 시민으로 돌아간 홍범도 장군도 예외일 순 없었다.

서너 해 동안 움막집에서 거처하며 건조한 땅에 목화나 삼, 귀리와 수수를 경작하며 겨우 생존의 기틀을 닦아 나갔다. 한인들의 타고난 근면성과 손재주가 없었던들 살아남기 어려운 환경이었다.

연해주 각지에서 모인 사람들인지라 개중에는 홍범도 장군을 모르

는 사람도 있었고, 이름은 들었어도 알아보지 못하는 경우가 태반이었다. 하지만 해가 거듭되면서 다들 그를 받드는 풍조가 일었다.

조선극장에서는 홍범도 장군이 적은 연금으로 생계를 꾸려 감을 걱정하여 노년의 소일거리를 만들어 주었다. 극장의 수위장 자리를 마련해 준 것이다.

뿐만 아니라 이주민에게 홍범도란 이름을 널리 알리기 위해 실화 연극 '홍범도'를 공연하기도 했다.

연극이 막을 내리고 난 후, 극작가가 물었다.

"연극이 마음에 드십니까?"

홍범도 장군은 겸연쩍은 듯 몇 마디 말을 흘렸다.

"어쩐지 춥기만 하네. 제아무리 연극을 잘 논다 한들 백두산 포수의 백발백중 사격 재간이야 보여 주지 못할 테지."

그러고는 껄껄 웃음을 터뜨렸다.

1941년, 세계 정복의 망상에 빠진 히틀러가 그 첫걸음으로 인접 유럽 국가를 무력으로 점령했다. 그 해 6월에는 소련의 국경선을 넘어 침공해 왔다. 스탈린은 이를 '대조국 전쟁'이라 이름 붙이고 침략군을 격멸하라고 전군과 인민을 독려했다.

그때 70의 고령을 넘긴 홍범도 장군이 주 당위원회를 찾아가 빨치산 노병을 전선에 보내 싸우게 해 달라고 청원을 넣었다. 물론 받아들여질 리 만무했다.

그러자 사격 솜씨를 보게 되면 달라질 것이라며 탄환이 장전된 소총과 술병 하나를 내놓으라고 부탁했다. 당위원회에선 좋은 구경거리겠다 싶었던지 부탁을 들어 주었다. 그는 백 보 밖에 세워 둔 술병을 쏘아 명중시켰다.

"허 참, 노인장의 사격 솜씨는 굉장합니다만 후방에서의 노력 전선에서 애국하는 길을 찾아보도록 하십시오."

당위원장의 응답이었다.

이듬해 4월, 독일과의 전쟁이 치열해져 갈 때 조선극장은 새로운 한인 문화 중심지가 된 우슈토베로 옮겨 갔다. 장군은 이들과 함께 갈 처지가 못 되었다.

말년에 삶의 언덕이 되어 주었고, 따뜻한 정이 오간 극장 직원들과 헤어질 때는 처량한 심사를 가눌 길이 없었다.

"먼저들 가 있게나. 자리가 잡히면 나도 옮길 기회가 있을 걸세."

홍범도 장군이 손을 내밀었다.

"부디 그렇게 하셔야지요. 장군님은 어디에 계시든 우리 한인 가슴에는 영웅으로 살아 계실 겁니다. 아무쪼록 몸을 보전하는 데 힘 쓰십시오."

극장장이 대답을 하자 장군은 팔을 벌려 포옹하여 그들의 따뜻한 마음에 고마움을 표시했다.

그 동안 만주에서, 또 연해주에서 반일 항쟁 지휘자들과 이런 작별 포옹을 얼마나 많이 했던가. 그때는 재회의 기약이 있었지만 이제는 가망이 없음을 그 스스로가 너무나 잘 알았다.

1943년 10월, 소련 측의 이른바 '대조국 전쟁'은 역전의 승기를 잡아 나치 독일군에게 연일 맹타를 가했다. 라디오 방송에서 행진곡과 함께 승전을 전하는 아나운서의 들뜬 음성이 쏟아지던 시간이었다.

크질오르다 외곽의 한 집에서 외로운 노병이 마지막 숨을 거두었다. 항일 의병장이요, 대한독립군 사령관이었던 홍범도 장군. 향년 75세.

꿈에도 잊지 못했던 조국의 독립을 2년도 채 남겨 두지 않은, 1943년 10월 25일 저녁 무렵이었다.